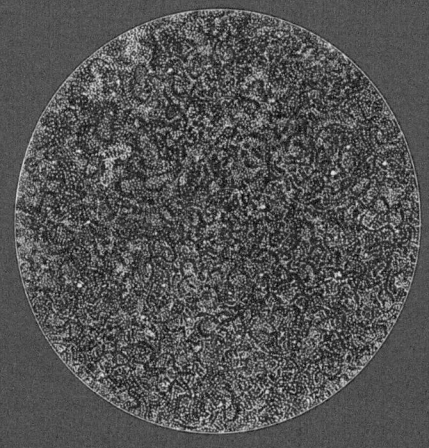

Jeannette Fischer · Hass

nexus 106

Jeannette Fischer

Hass

Klostermann/*Nexus*

*Mein grosser Dank gilt Guido Fluri.
Er hat dieses Buch möglich gemacht.*

Bibliografische Information der Deutschen Nationalbibliothek
Die Deutsche Nationalbibliothek verzeichnet diese Publikation
in der DeutschenNationalbibliografie; detaillierte bibliografische Daten
sind im Internet über *http://dnb.dnb.de* abrufbar.

© 2021 Vittorio Klostermann GmbH, Frankfurt am Main
Lektorat: Jeannine Horni, Wallisellen
Illustrationen und Coverabbildung: Chrigel Farner, Berlin
Satz: Marion Juhas, Frankfurt am Main
Druck und Bindung: docupoint, Barleben
Alle Rechte vorbehalten. All Rights Reserved.

Gedruckt auf säurefreiem, alterungsbeständigem Papier
entsprechend ISO 9706.
Printed in Germany
ISBN 978-3-465-04542-7

*Für
Severin und Jasmin
Levin, Davin und Dorian*

Hass

Welche Voraussetzungen müssen in einem Menschen gegeben sein, damit er ein Mensch wird, der hasst? Ist dem Menschen die Neigung zum Hass oder gar der Hass selber angeboren? Ist es somit quasi eine kulturelle Leistung, ihn bedeckt zu halten? Oder entsteht Hass während der Sozialisierung des Menschen? Welche Funktion hat Hass? Beherrscht er uns oder beherrschen wir ihn?

Fragen über Fragen. Sicher ist: Um gegen Hass, gegen seine Destruktivität und Vernichtungswucht anzugehen, müssen wir ihn zuerst verstehen. Wir müssen herausfinden, was seine Wurzeln sind und welche Funktionen er, nebst der Zerstörung, erfüllt oder zu erfüllen beabsichtigt. Wenn wir uns dem Hass unvoreingenommen, fragend nähern, gewinnen wir an Einsicht, auch an Einsicht über unseren eigenen Hass. Hass zu verstehen bedeutet nicht, ihn zu legitimieren. Ihn zu verstehen, zu erkennen, woher er kommt und was er anstrebt, vermag uns Einblicke in zwischenmenschliche Strukturen und damit auch in gesellschaftliche Strukturen zu geben.

Es ist viel einfacher, den Hass zu hassen, als ihn zu verstehen. Es ist viel einfacher, den Hass auszulagern, weit weg von uns, und ihn bei den anderen zu deponieren. So wird der Mitmensch zu einem Hassenden, möglicherweise gar zu einem, der uns hasst. Im Prozess des Verstehens jedoch erkennen wir, dass wir selber Akteure und Akteurinnen sind. Daher scheuen wir diese Herangehensweise. Viel lieber bekämpfen wir Hass, stehen gegen ihn auf. Dumm ist nur: Wenn wir auf ihn eindreschen, können wir ihn nicht beseitigen. Wir bewirtschaften ihn, ja befeuern ihn damit nur. Indem wir dem Hass den Kampf ansagen, werden wir ein Teil von ihm, nicht zuletzt, weil wir unseren eigenen Hass legitimieren, indem wir behaupten, Gutes zu tun, auf der richtigen Seite zu stehen.

Hass ist ein Symptom

Wenn wir Kopfschmerzen haben, kann ein verspannter Nacken die Ursache sein, oder ein verstimmter Magen, überanstrengte Augen, beruflicher Stress. Die Kopfschmerzen sind ein Symptom, der manifeste Ausdruck oder die Folge von etwas, das an ganz anderer Stelle in uns liegt. Es gibt also eine örtlich und zeitlich oft verschobene Ursache für dieses Symptom. Die Ursache des Hasses hingegen liegt im Dunkeln. Wir belassen sie auch gerne dort, weil uns die Nähe zum Hass und seinen Ursachen unangenehm ist, ja sogar bedrohlich vorkommt.

Es ist mein Anliegen, mit diesem Buch diese Dunkelheit auszuleuchten. Ich versuche aufzuzeigen, wie Hass entsteht und wie er tradiert wird, in welchen Gewändern er daherkommt und mit welchen Mitteln er sich bedeckt hält. Aus der Psychoanalyse wissen wir, dass Erkenntnis ein Subjekt verändert, ob in seiner Beziehung zu sich selbst, zu sozialen Gruppen jeglicher Art oder in seiner Beziehung zur Welt. Erkennen und Verstehen sind die Schlüssel zu Veränderungen und die Schlüssel des Lernens.

Hass auf die anderen, Hass auf sich selbst

Der Ort des Hasses ist der Mensch. Er ist Träger und Agierender des Hasses. Der Hass ist eine Energie mit destruktiver Absicht, der Absicht zu vernichten – einen oder mehrere Menschen, die Umwelt, sich selbst, all das, wovon wir abhängig sind. Ob die Vernichtung tatsächlich, in der Realität vollzogen wird, ist an dieser Stelle noch nicht relevant. Wichtig ist: Auch die fantasierte Absicht des Hasses ist destruktiv. Dennoch: Hassgedanken allein, mögen sie noch so zahlreich sein, führen in den wenigsten Fällen zur physischen Vernichtung. Im Gegenteil, wenn wir im Kopf, in der Fantasie vernichtende Handlungen ausführen, sind sie zumeist erledigt und die destruktive Wucht draussen. Was jedoch immer in der physischen Vernichtung endet, ist die Legitimation zu hassen und dementsprechend die Legitimation, töten zu dürfen oder gar zu müssen. Zum Beispiel im Krieg oder in terroristischen Gruppierungen.

Der Hass kann zudem auf andere Menschen projiziert werden. Das heisst, ich kann meinen Hass nach aussen verschieben und bei einem anderen Menschen verorten. Der Mensch hat die Möglichkeit, unangenehme Empfindungen, die seinem Wohlbefinden schaden, zu externalisieren, von sich weg zu leiten. Projektionen befreien uns selber von dem, was wir projizieren. Das liegt in der Natur unserer Psyche und ist ein Schutz, um unser psychisches Überleben zu garantieren. In Bezug auf den Hass lässt dies die Vermutung zu, dass ein Mensch, ein Subjekt, immer auch Objekt seines Hasses ist. Dass eine hasserfüllte Bindung zu Menschen und zur Umwelt eine hassende Bindung zum eigenen Ich miteinschliesst. Demzufolge eignet sich die Projektion vortrefflich, um sich selbst zu schützen und nicht Objekt des eigenen Hasses zu werden.

Der Hass ist also eine Form der Bindung zu einer oder mehreren anderen Personen, zu sozialen Gruppen, zu sich selber, aber auch eine Bindung zur Umwelt und zur Natur. Der Hass ist eine Bindung zu all dem, wovon wir abhängen.

Aggression kann konstruktiv und destruktiv sein

In meinen Gedankengängen zum Hass bilden vier Elemente die Grundlage.

Da ist zuerst einmal die Aggression: Unterschieden wird zwischen konstruktiver und destruktiver Aggression. Die konstruktive Aggression ist eine Energie, die wir nutzen, um uns für uns selber, für unsere Bedürfnisse und Interessen einzusetzen. Sie wird daher auch die *Aggression im Dienste des Ich* genannt. Wir können damit die Entwicklung des Ich, der Gesellschaft mitgestalten und schöpferisch an der Welt teilhaben. Ein Säugling schreit, wenn ihm etwas nicht passt – ein Ausdruck der konstruktiven Aggression. Er schadet damit niemanden, er tut sich kund, ist wirksam und verschafft sich Bedeutung. In sexuellen Begriffen gedacht, sind die Penetration und das Aufnehmen dieser Kraft ein Ausdruck der Aggression im Dienste des Ich. Wir werden mit dieser Energie geboren, bereits die Geburt zeugt davon: Das Kind will raus. Diese Kraft dient unseren Wünschen und Bedürfnissen, unserem Begehren. Sie ist lebensbejahend und schadet niemandem. Kommt dem Ich diese konstruktive Aggression abhanden, dann ist es beschädigt. Es ist ein ohnmächtiges Ich, das sich nicht mehr für sich selbst einsetzen kann, das der Eigenmächtigkeit entbehrt. Eines, das sich nicht mehr konstruktiv und lustvoll an der Gestaltung der Welt beteiligen kann. Ein Ich, das Angst hat.

Demgegenüber hat es die destruktive Aggression darauf abgesehen, zu zerstören. Menschen zu zerstören, Natur zu zerstören, Bindungen zu zerstören, destruktiv auf die Welt und auf alles einzuwirken, von dem der Mensch abhängig ist. Mit Blick auf diese Abhängigkeit müssen wir schlussfolgern, dass die destruktive Aggression immer auch das Ich selber beschädigt. Auch wenn sie als Schutzmassnahme dargestellt wird wie zum Beispiel ein Krieg – gegen wen auch immer –, ist sie selbstschädigend.

Es ist ebenfalls eine destruktive Handlung, einem Menschen seine konstruktive Aggression zu nehmen. Ihn unter Druck egal welcher Art zu setzen, ihn in eine ausweglose Situation zu bringen und damit ohnmächtig zu machen, ihn zu foltern, ihn für seine Eigenständigkeit mit Ausgrenzung oder Liebesentzug zu bestrafen, ihn als Täter zu stigmatisieren – das alles sind aggressive Wege, um konstruktive Aggressionen zu vernichten und so Macht über den anderen zu erlangen. Rechtfertigen lässt sich das in keinem Fall.

Wir werden nicht mit zerstörerischen Eigenschaften geboren. Wir eignen sie uns während des Aufwachsens an, erlernen sie in Bindungen. Wir erfahren Gewalt tagtäglich und sind in unserem Alltag auch selber destruktiv. Wir leben mit einem Zerstörungsfaktor, den wir oftmals nicht mehr hinterfragen oder sogar als natürlich ansehen.

Im Gegensatz zum Menschen verwenden Tiere ihre Destruktivität im Sinne der Aggressionen im Dienste des Ich. Sie gehen meist sparsam damit um und gebrauchen sie nicht ausserhalb dieses Auftrages.

Beziehungen auf Augenhöhe

Ein weiteres wichtiges Element in meinen Betrachtungen ist die intersubjektive Beziehung. Darunter verstehe ich eine Beziehung ohne wertende Hierarchie. Eine Beziehung zwischen mindestens zwei Personen, die sich in ihrem Anderssein anerkennen. Sie nehmen ihr Gegenüber als eigenständiges Subjekt wahr und kommunizieren mit ihm auf Augenhöhe, richten also kein hierarchisches Gefälle ein. Diese Beziehungsform hat nichts mit der Begrifflichkeit der Liebe zu tun, sie ist vielmehr die Grundvoraussetzung für gleichwertige Beziehungen jeglicher Art. Das eine Subjekt anerkennt das andere Subjekt als Nicht-Ich.

Grundsätzlich neigen wir stark dazu, andere Personen als Teil von uns selber zu sehen, als einer oder eine, der oder die dasselbe meinen und denken wie wir. Ebenso stark neigen wir dazu, Gruppen von Gleichgesinnten zu bilden, weil wir uns da wohl fühlen. Umso dringender ist es, dieses Bedürfnis nach Verschmelzung zu hinterfragen. Dies nicht zuletzt, weil in der Verschmelzung viel Autonomie und Heterogenität zerfliesst beziehungsweise sich wie in einem Schmelztiegel auflöst. Deshalb ist es dringend vonnöten, eine Alternative zu erarbeiten. Wenn wir – wie das mehrheitlich der Fall ist – davon ausgehen, dass eher die Übereinstimmungen, die Gemeinsamkeiten das Verbindende in Beziehungen sind, so setze ich dem entgegen:

> Das einzige verbindende Element in Beziehungen ist die Anerkennung der Differenz. Erst mit der Anerkennung des anderen als Nicht-Ich entsteht eine intersubjektive Beziehung.

Intersubjektive Beziehungen werden uns nicht beigebracht. Wir werden in eine Gemeinschaft hineingeboren, die bereits das Neugeborene als Objekt einer kalten und erbarmungslosen Welt versteht, vor der es beschützt werden muss. Das zumindest lässt sich an dem Beziehungsangebot ablesen, mit dem wir das Kind eindecken, an dem sprachlichen Vokabular, das nicht ein autonomes Subjekt anspricht, sondern vielmehr ein Opfer, das der Welt ausgeliefert ist. Das Kind ist herzig und schutzlos, wir heben die Stimme, wenn wir es ansprechen, verfallen in den Tonfall und die Sprache der Verniedlichung. All das versetzt die Welt für das Kind in den Bedrohungsmodus, in dem es den Schutz der Eltern braucht. Dieses Bild wird sich im Selbstbild des Kindes niederschlagen, es wird sich in der Tendenz als kraft- und wehrlos erfahren, statt ein Gefühl der autonomen Widerständigkeit zu entwickeln.

Das Ich verändert sich ständig

In psychoanalytischen Reflexionen ist das Ich eine anerkannte Grösse. Aber das Ich ist keine fixe Grösse, das – einmal gegeben – jetzt und in Zukunft vor Veränderung geschützt und behütet werden muss. Das Ich bildet sich in einer ständigen Auseinandersetzung mit dem Du. Damit der Prozess der Veränderung, des Wachstums und der Entwicklung ein Leben lang gewährleistet ist, braucht es den intersubjektiven Raum mit dem Du. Ohne diesen Raum, ohne die Anerkennung der Differenz ist das Ich verloren, ist es ein Ich, das nicht mehr begehrt, wächst, lebendig ist.

Das Wachstum und die Entwicklung des Ich enden erst mit dem Tod, und bis dahin sollten wir diesen Prozess auskosten.

Das Opfer kann auch Täter sein

Das Opfer und der/die Betroffene sind die vierte Grösse, die in diesem Text eine Hauptrolle spielen. Dabei unterscheide ich zwischen Opfer und Betroffenem. Das Opfer ist eine inszenierte Position, deren Zweck es ist, einen Täter zu definieren. Dieser vermeintliche Täter wird nun zum Träger genau jenes Hasses, den das Opfer auf ihn projiziert. Diese Übertragung – der andere ist ein Bösewicht, der an mir schuldig geworden ist – wird von Hass gespiesen. Wenn ich einem Kleinkind sage: »Dein ewiges Schreien bringt mich noch ins Grab«, dann bezeichne ich das Kind als meinen Mörder. Der mörderische Inhalt entspricht dem Hass des Opfers. Er wird auf das Kind übertragen, welches nun erfährt, dass sein Schreien schädlich, ja gar tödlich ist für das Gegenüber. Es wird sich schuldig fühlen. Das Opfer jedoch kann mit dieser Aussage seinen Hass loswerden, der dann beim Kind als Schuldgefühl in Erscheinung tritt. Es wird diese Gefühle haben, weil es das Gegenüber zwar nicht beschädigen will, aber dennoch schreien muss, um sich Gehör zu verschaffen.

Im Gegensatz zum Opfer ist der/die Betroffene von einer aggressiven, gewalttätigen Aktion – ob psychisch oder physisch – real betroffen. So können wir durchaus sagen, dass das hier erwähnte Kleinkind von Gewalt betroffen ist, ausgeübt von einer Person, die es als ihren Mörder bezeichnet.

Ich werde diese zwei Begriffe im ganzen Text gezielt in der hier beschriebenen Bedeutung nutzen. Wenn ich von Opfern spreche, dann meine ich die Selbstinszenierung eines Subjekts als Opfer, und wenn ich von Betroffenen spreche, dann meine ich diejenigen, die real von Gewalt betroffen sind. So kommt es zu der paradoxen, aber wahren Feststellung, dass das Opfer in meinem Beispiel gegenüber dem Betroffenen gewalttätig ist. Und das ist in Situationen, in denen sich ein Subjekt als Opfer inszeniert, ausnahmslos der Fall. Daher wäre es wünschenswert, auch in der Alltagssprache diese Unterscheidung zu machen und von Betroffenen von Verkehrsunfällen statt von Verkehrsopfern zu sprechen, oder von Betroffenen von Terroranschlägen.

Der Hass und seine Verbindung zur Angst

Wenn wir von Hass reden, müssen wir auch von der Angst reden. Ich gehe jedoch nicht davon aus, dass der Hass eine gesteigerte Form der Angst ist, wie oft behauptet wird. Vielmehr verstehe ich Hass als einen anderen Aggregatszustand der Angst.

Beziehungen, die mit Angst verbunden sind, sind in unserer Gesellschaft alltäglich, also die Regel und nicht die Ausnahme. Wir haben Angst, den anderen zu verlieren, wenn wir etwas tun oder sagen, was wir als beziehungsgefährdend erachten. Wir haben Angst, die Stelle zu verlieren, wir haben Angst, Zugehörigkeit zu verlieren, ausgeschlossen zu werden, und vieles mehr. Verlustängste belasten und begleiten uns. Sie sind, das wage ich zu behaupten, ein stets präsenter Grundduktus, eine Art Grundbeben in all seinen seismografischen Stärken. Wir haben gelernt, mit diesem Grundbeben einigermassen zu leben. Wir versuchen, es zu beherrschen und zu überwinden. Jeder und jede Einzelne ist – der eine stärker, die andere weniger stark – in Ängsten verfangen und sucht einen Weg, um sich mit ihnen zu versöhnen, ihnen zu entfliehen oder gegen sie zu kämpfen.

In diesem Zusammenhang müssen wir auch feststellen, dass Probleme häufig individualisiert werden, um zu vermeiden, dass die gesellschaftlichen Strukturen infrage gestellt werden. Wenn zum Beispiel ein Kind mit Lernschwierigkeiten in psychologische Behandlung geschickt wird, ohne dass die Unterrichtsmethoden hinterfragt oder über die Gruppenstruktur einer Klasse nachgedacht wird, dann wird dieses Kind in seiner Not alleine gelassen. Es ist ausgeliefert. Und das bedeutet Angst.

Wir können voraussetzen, dass die Gesetzmässigkeiten in den gesellschaftlichen Strukturen die gleichen sind wie die in den individuellen Beziehungsstrukturen. Die einen Strukturen bedingen die anderen und gehen aus den jeweils anderen hervor. Die Frage, welche das Huhn und welche das Ei sind, ist nur für diejenigen relevant, die einen Anfang brauchen. Dazu können die Schöpfungsmythen befragt werden.

Angst ist Ohn(e)macht

Die Angst ist ein Zustand der Ohnmacht – ein Zustand ohne Macht. Wir sind klein und bedeutungslos, wir sind wirkungslos, und die Welt um uns herum erscheint gross und übermächtig. Wir sind getrennt von uns selber, getrennt von der Welt. Wir sind dieser Welt und anderen Menschen ausgeliefert. Unser Ich hat an Gewichtigkeit, an Körper und Raum verloren. Die Angst und die Ohnmacht sind Zeichen eines ausweglosen Zustands, in dem sich das Ich befindet. Dieser Zustand ist immer eine Reaktion auf eine Gewalteinwirkung.

Ein Mensch kommt mit einer erheblichen Mächtigkeit

auf die Welt, schon nur wenige Tage alt kann er seine Eltern ganz schön in Aufruhr versetzen. Ohnmacht, also Angst, ist das Gegenteil davon. Diese Angst, die eine Folge von Gewalt ist, brauchen wir nicht in unserem Leben. Wir brauchen sie auch nicht, um uns auf Gefahren aufmerksam zu machen. Denn gerade in der Angst reagieren wir nicht adäquat auf Gefahren, weil wir in der Ohnmacht keinerlei oder nur noch wenig Spielraum haben, um sie einzuschätzen.

Wir können sowohl jemandem Angst machen als auch von jemandem in Angst versetzt werden. Wenn wir einen anderen Menschen in Angst versetzen, wirken wir destruktiv auf ihn ein und machen ihn ohnmächtig. Das Kleinkind in unserem vorherigen Beispiel wird zukünftig Angst haben zu schreien. Die Angst ist, wie hier sichtbar wird, kein angeborenes Gefühl, sondern eine psychische und körperliche Empfindung als Reaktion auf Gewalt. Sie ist keinesfalls eine Reaktion auf eine bestehende Gefahr – das darf nicht verwechselt werden. Um uns vor Gefahren zu schützen, reicht die Furcht aus. Sie warnt vor einer Gefahr, die real vor uns liegt und mit grosser Wahrscheinlichkeit eintreten wird. Die Furcht lässt uns handlungsmächtig bleiben und trennt uns nicht von unseren Gefühlen und auch nicht von unserem Verstand, die wir gerade in gefahrvollen Situationen dringend benötigen.

In der Angst jedoch ist die Gefahr bereits eingetreten: Wir sind Betroffene, wir sind Ohnmächtige, wir sind in die Macht- und Wehrlosigkeit gestürzt.

Ich möchte diese Ohnmacht näher untersuchen, möchte verstehen, woraus sie sich zusammensetzt und welche Konsistenz sie hat. Ich möchte die Mechanismen herausfinden, unter denen sie entsteht, und die Bedingungen, unter denen sie verschwindet respektive bestehen bleibt. Wenn wir diese Informationen haben, haben wir bereits die ersten Bausteine, um die Funktion des Hasses besser einordnen und verstehen zu können.

Die Ohnmacht als Form der Machtlosigkeit ist eine Position, der die Aggressionen im Dienste des Ich, wie ich sie oben beschrieben habe, abhandengekommen sind. Diese konstruktiven Aggressionen sind eine angeborene Wehrhaftigkeit des Menschen, mit der wir uns für uns selber einsetzen und uns wehren können, um unser Ich zu schützen. Ohne sie sind wir schutzlos, ausgeliefert denjenigen, die uns diesen Schutz entrissen haben. Wer einen Menschen in Ohnmacht versetzt, Gewalt gegen ihn anwendet, verfolgt ausschliesslich das Ziel, Macht über ihn zu erlangen, ihn in die Unterwerfung zu zwingen und Kontrolle über ihn zu gewinnen. Ihn der Freiheit zu berauben.

Mord verstehen wir als Verbrechen, ebenso die Misshandlung, Entwertung und Demütigung von Menschen. Wir nennen es ein Verbrechen, wenn Menschen wegen ihrer Zugehörigkeit zu einer Religion, Ethnie, Klasse oder einem Geschlecht diskriminiert, verfolgt und gar ermordet werden. Wir nennen es hingegen Sieg und feiern ihre Helden, wenn ein Krieg gewonnen wird. Wir nennen es Wirtschaftswachstum, wenn Menschen für Profitinteressen ausgebeutet und entrechtet werden. Wir nennen es Schutzmassnahme, wenn ein Opfer – und nicht etwa eine Betroffene, ein Betroffener – einen Täter bezeichnet, gegen den nun legitim vorgegangen wird.

Ausserhalb dieser Kategorien offensichtlichen Unrechts

gibt es eine Vielzahl von alltäglichen Situationen der Ohnmacht, die nicht als solche erkannt werden, vielleicht auch nicht erkannt werden sollen. Die nicht im Katalog der Verbrechen vorkommen, weil sie bereits in den Kanon der unausweichlichen Begebenheiten aufgenommen wurden. Wenn zum Beispiel Anpassung und Unterwerfung erforderlich sind, um dazuzugehören, sei es zur Familie oder zu anderen Gruppierungen. Oder wenn eine Leistung erbracht, eine Voraussetzung erfüllt werden muss, um geliebt und geschätzt zu werden.

So oder so: Einen Menschen seiner Aggressionen im Dienste des Ich zu berauben, also seiner eigenständigen Ich-Definition, ist immer ein Verbrechen.

Von der Freiheit in Beziehungen

An dieser Stelle soll eine ganz bestimmte Ursache der Ohnmacht beleuchtet werden, weil sie mit Blick auf ihre Verbreitung und Tradierung, letztlich ihre ›Normalität‹, im Beziehungsgefüge als etwas Grundlegendes erscheint. Und somit auch grundlegend unhinterfragt ist.

Wir sind als Menschen von den Beziehungen mit anderen Menschen abhängig, weil sich das eigene Ich und dessen Erfahrung nur in diesem Raum, im Raum der Beziehung, konstituieren kann. Ein Ich und ein anderes Ich bilden gemeinsam diesen dritten Raum, in dem Begegnung und Beziehung stattfinden können, in dem die beiden beteiligten Ich sich erfahren, auch in der Differenz zueinander erfahren können. Dieser dritte Raum kann nur entstehen, wenn die Differenz zum anderen Ich wahrgenommen und anerkannt wird. Nicht nur einer hat die andere anzuerkennen – dies entspräche bereits einem Machtgefälle – vielmehr anerkennt jeder den anderen als anders, als Nicht-Ich. Damit erkennt und anerkennt er gleichzeitig sich selbst in der Differenz zum anderen.

Diese Erkenntnis und Anerkennung bedeutet Freiheit. Freiheit in dem Sinne, dass sich das Ich in der Beziehung regulieren und positionieren, Nähe und Distanz einrichten und auch ungeklärte Abhängigkeiten vermeiden kann; dass es Freiheit, Autonomie und Gemeinschaft vereinen kann, ohne zu Kompromissen gezwungen zu sein. Um sich selber als Ich zu konstituieren und zu erfahren, kann dieses Ich die Anerkennung der Differenz – also die intersubjektive Beziehung – gar nicht verwehren, sonst würde es aus diesem Raum herausfallen.

Die Differenz des anderen, des Gegenübers, anzuerkennen, hat nichts mit Liebe zu tun, auch nichts mit Toleranz oder Grossherzigkeit. Die beiden letzten Begriffe können bereits dem Vokabular eines Machtdiskurses zugeordnet werden. Wenn ich in der Lage bin, einen Menschen als different zu mir, als Nicht-Ich zu erfahren, wenn ich bereit bin, diese Arbeit zu leisten, dann reguliert sich meine Beziehung zum Gegenüber auf einer hierarchie- und damit machtfreien Ebene statt auf der Grundlage permanenter Versuche, den anderen in mein System zu inkludieren oder gar, mich in das System des anderen inkludieren zu lassen. Unter Toleranz verstehe ich das Bedürfnis, das Gegenüber in eine bestehende Gemeinschaft zu inkludieren, partout Gemeinsamkeiten zu schaffen, Heterogenität in Homogenität umzuwandeln. So sind Toleranz und Grossherzigkeit bereits moralische Variablen, die einen Diskurs der Macht und somit der Ohnmacht stabilisieren, nicht zuletzt, weil sie ihn nicht hinterfragen, weil sie sich der Symptome – der Symptome der Ungerechtigkeit – und nicht der Ursachen annehmen. Ungerechtigkeiten können jedoch nur beseitigt werden, wenn wir uns der Ursachen annehmen. Wenn wir den Diskurs der Macht und der Ohnmacht aufdecken. Diesem Diskurs liegt immer das gleiche Paradigma zugrunde: Die Macht des einen basiert auf der Ohnmacht des anderen. Herrschaft ist nur auf der Grundlage von Ungerechtigkeit möglich.

Letztlich können wir diese Aussagen auf ein einziges Paradigma verdichten:

Wer die Anerkennung der Differenz des anderen verweigert, beabsichtigt ein Machtgefälle herzustellen.

Gemeinschaft ohne Homogenisierungsfaktor

Ein Säugling wird in eine bereits bestehende Gemeinschaft hinein geboren. In die Gemeinschaft der Eltern und deren Familien beispielsweise. Diese Gemeinschaft wiederum ist Ausdruck und Abbild einer grösseren Gemeinschaft, so etwa einer Nation, einer Ethnie, einer Religion oder einer Klasse. Demgemäss hat der Säugling eine Wirkung auf diese Gemeinschaften, und vice versa wirken sich diese Gemeinschaften auf das Neugeborene aus.

Die Grundlage all dieser Beziehungsformen wäre im Idealfall die Anerkennung der Differenz dieses Kindes. Das Kind erlebt sich bereits als anders als die anderen, wird in seiner Individualität anerkannt und entwickelt eine nonverbale Sprache, um in der Gemeinschaft wirksam und verstanden zu werden. Es ist abhängig davon, dass es in seiner Eigenheit und Eigenständigkeit wahr- und ernstgenommen wird. So kann es in der Differenz zu all den anderen ein Gefühl von Anerkanntsein entwickeln. Dieses Grundgefühl ist per se Voraussetzung für ein unbehindertes Wachstum und eine eigenständige Entwicklung. Und ausschliesslich so, in der Anerkennung der Differenz, entsteht das Gefühl von Geborgenheit.

Gefühle der Geborgenheit und Sicherheit sind nur erfahrbar, wenn das Kind seine Eigenheit und Autonomie, also auch seine Aggressionen im Dienste des Ich beibehalten kann. Ohne das ist es als Ich in der Gemeinschaft verloren und erfährt höchstens eine Scheingeborgenheit in der Symbiose oder in symbiotischen Verwicklungen.

Viele Erwachsene leiden darunter, dass sie in beruflichen Gruppen nicht sprechen können, also Angst davor haben, sich zu äussern. Das ist wohl oft darauf zurückzuführen, dass sie die Erfahrung gemacht haben und immer noch machen, dass sie in ihrer Differenz nicht anerkannt wurden und werden, wenn sie sich mit ihren Aggressionen im Dienste des Ich einbringen, also als eigenständiges Ich positionieren. Stattdessen haben sie erlebt, dass sie wegen dieser Differenz an den Rand gedrängt oder gar ausgeschlossen, verachtet oder höchstens toleriert werden. Viele Gruppierungen, seien es Paare, Familien, politische, religiöse und zahlreiche andere Gemeinschaften, verlangen eine gewisse Homogenisierung, um Zugehörigkeit zu gewährleisten. Möglicherweise ist deshalb die Gruppe, vor der diese Person sich zu äussern fürchtet, eine Gemeinschaft, die Differenz ausschliesst? Die Angst dieser Person wäre in diesem Fall ein Symptom: Es ist die Angst, ausgeschlossen zu werden, wenn die Anpassung nicht gelingt.

Die Enteignung der konstruktiven Aggressionen

Die Aggressionen im Dienste des Ich und die Anerkennung der Differenz bedingen sich gegenseitig. Indem wir die Differenz des anderen anerkennen, nehmen wir nicht nur unser Gegenüber als eigenständig und eigenverantwortlich wahr, sondern auch uns selbst. Diese Anerkennung schliesst die Anerkennung seiner und meiner Aggressionen im Dienste des Ich ein. Denn ohne diese Aggressionen kann weder das Ich noch das Gegenüber gestalterisch an sich selbst, an der Beziehung zum anderen und zur Welt teilhaben. Beide fallen als eigenständiges Subjekt weg, sind wie Menschen ohne Muskulatur, angewiesen auf Hilfe, auf Führung, auf jemanden, der die Funktion dieser Muskulatur übernimmt. Das bedeutet: Werden bei einem Menschen die Aggressionen im Dienste des Ich in irgendeiner Form beschädigt oder gar vernichtet, dann ist er ein Mensch ohne Muskulatur, den anderen Menschen und der Welt wehrlos ausgeliefert – ein Mensch in Angst. Die Ursache dieser Angst liegt stets an dem Ort, an dem die konstruktiven Aggressionen enteignet, gar zerstört worden sind.

Es ist einfach, einen Menschen seiner Aggressionen im Dienste des Ich zu berauben. Dazu braucht es keine Kanonen und keine Bomben. Der Machtdiskurs, der unsere Gesellschaft, unsere Beziehungen prägt, beruht auf der Kontrolle der konstruktiven Aggressionen. Die Muskulatur soll im Dienste des anderen und nicht des Ich verwendet werden, und sollte sich ein Subjekt abtrünnig zeigen, sich subversiv der Kontrolle entziehen, wird es als schädlich für die Gemeinschaft bezeichnet. So werden seine Aggressionen im Dienste des Ich langsam überflüssig, ja gar störend, und die Angst nimmt sich im selben Verhältnis, wie sich die Muskulatur zurückbildet, ihren Raum. Die Wünsche werden befriedigt, bevor sie entstehen, die Kraft des Wunsches und die Kraft des Begehrens versickern im Konsumismus. Spiegelbildlich wird unser Bewegungsapparat durch Autos, Rolltreppen, Lifte und so weiter weitgehend entlastet, um uns das Gewicht der schweren und übervollen Einkaufstaschen nicht spüren zu lassen. Die Entlastung der Muskulatur machen wir im Fitnessstudio wieder wett, die Depressionen infolge der Enteignung der Aggressionen im Dienste des Ich werden in den Praxen der Rezeptautorisierten behandelt.

Die destruktive Spiegelung

Wird eine konstruktive Kraft als destruktiv gespiegelt, wird die Kraft der Muskulatur erschlaffen. Und eine erschlaffte Muskulatur lässt jeden in die Knie gehen. Als Illustration für diese Aussage möge nochmals das Beispiel des schreienden Kindes dienen. »Hör auf zu schreien, du bringst mich noch ins Grab«: Mit dieser Drohung des Vaters oder der Mutter wird das Kind als potenzieller Mörder und damit seine konstruktive Kraft als destruktiv gespiegelt. Solange es nicht aufhört zu schreien, ist es schädlich. Weil das Kind keinesfalls die Absicht hat, den anderen Menschen zu schädigen, wird es seine Aggressionen im Dienste des Ich zurückziehen. Seine Muskulatur wird erschlaffen und ohne diese geht es in die Knie. Das Kind wird diese Spiegelung ins Erwachsenenleben mitnehmen, und es wird sie tradieren. Die erwachsene Person wird wiederum ihrem Kind beibringen, dass es vernünftiger sei, die Muskulatur nicht zu nutzen, denn damit könne es sich viele Scherereien ersparen. Sie möchte ihr Kind davor bewahren, wie damals sich selbst, mit Gewalt in die Knie gezwungen zu werden.

Dabei wird nicht nur die Zurückhaltung tradiert, sondern auch die Angst vor der Schuld, mit den Aggressionen im Dienste des Ich Schaden anzurichten. Die Sicht auf die Welt wird tradiert, eine Sicht, welche die Welt als bedrohlich wahrnimmt; als eine Welt, der das Subjekt nicht angehört und der es ausgeliefert ist. Ein Mensch, der die Welt so sieht, ist darin verloren, die Welt geht ihm gleichsam verloren. Zugleich wird auch die Sehnsucht nach Aufgehobenheit tradiert, die Sehnsucht nach dem Gefühl der Anerkennung, die jedoch umgehend beiseitegelegt wird, da das Ziel nicht erreichbar ist.

So wird die Sehnsucht zum Schmerz über das Unerreichbare.

Für mich = gegen den anderen

Die Anstrengungen des Kindes und des späteren Erwachsenen, der misslichen Lage der Macht- und Wehrlosigkeit zu entfliehen, gehen weiter. Beide werden Wege suchen, ihre Muskulatur dennoch zu stärken, sie gleichwohl zu trainieren. Doch wie geht das angesichts des tradierten Verhaltensmusters ›Für mich ist gegen den anderen‹? Entweder du oder ich? Unter diesen Voraussetzungen bedeutet das Muskeltraining, dass das Gegenüber, an dem ich meine

Muskeln trainiere, geschädigt wird. Wie ist diesem Dilemma zu entkommen?

Hier gibt es mehrere Möglichkeiten. Eine gängige ist, die Schuld, mit den eigenen Aggressionen im Dienste des Ich jemanden beschädigt zu haben, auf eine andere Person zu projizieren, sie zu überantworten. So entsteht der Sündenbock. Er hat die Funktion, einzelne Personen oder auch ganze Gruppierungen von der eigenen Schuld zu entlasten.

Wer die Macht hat, menschliche Wünsche, Bedürfnisse und auch das Begehren – also durchwegs Aggressionen im Dienste des Ich – als Schuld, gar als Sünde zu verurteilen, der hat Macht über die Menschen. Ob es sich um die Kirche, den Staat oder andere Institutionen handelt – relevant bleibt, dass eine konstruktive Energie als schädliche Eigenschaft verurteilt und damit bestraft werden kann.

Der Hexenhammer, ein Buch, das der Theologe Heinrich Kramer 1486 in Speyer veröffentlichte, möge uns als Beispiel dienen. Der Dominikaner beschreibt darin ausführlich, was eine Hexe ausmacht, und liefert eine klare Legitimation der Hexenverfolgung. Unter vielen anderen nennt er als Merkmal einer Hexe, dass sie den Männern den Samen entlocke. Und er erzählt von einer frommen Jungfrau mit erotischen Träumen, die ihr weder durch Weihwasser noch durch Beten und Beichten oder das Zeichen des Kreuzes ausgetrieben werden konnten. Dabei kam er zum Schluss: »Und es ist glaubhaft [...], dass, nachdem sie im Schmerz über ihre Sünde gebeichtet hatte, der Beischlaf mit dem Dämon für sie vielmehr die Strafe für die Schuld als Schuld war.« Dass die Jungfrau sich dem Dämon nicht widersetzen konnte, dass sie unablässig geplagt wurde von Begehren, versteht Kramer als ihre Bestrafung. So vermischt sich Lust mit Strafe.

Diese Zeilen entsprechen wohl dem emotionalen Zustand und den sexuellen Fantasien des Verfassers dieser Texte. Unablässig wird er geplagt von erotischen Träumen, die ihm den Samen entlocken, was sich für einen Mönch nicht gehört. Da er sich diese Träume nicht austreiben kann, deutet er den Beischlaf um zu einer Strafe. Solange die Strafe im Gleichschritt mit seinen sexuellen Fantasien geht, solange kann er sich diese erhalten. Das ist die Wiege der sadomasochistischen Perversion: Das Begehren und der Beischlaf können realisiert werden, weil die Lust mit Strafe kontaminiert wird, die Lust zu strafen und die Lust bestraft zu werden. Sobald die Qualen und der Schmerz mitgeliefert werden, erhält die Triebhaftigkeit eine Berechtigung.

Doch zurück zum Sündenbock. Die nächtlichen Ejakulationen des Mönches oder, um den Kreis zu vergrössern, die Seitensprünge wohl mancher Ehemänner entsprachen weder den religiösen noch den gesellschaftlichen Normen von damals oder von heute. Die sexuelle Triebhaftigkeit hatte zu unterbleiben oder musste in der Zweckdienlichkeit der Ehe untergebracht werden. Weil die Versuche misslangen, sexuelles Begehren zu unterdrücken oder es in den ihm zur Verfügung gestellten Gefässen wie der Ehe zu domestizieren – das Begehren folglich mit Schuldgefühlen ausgelebt werden musste –, galt es ein neues Narrativ zu finden. Eines, das den Schuldigen zurück in seine Unschuld bringt. Das gelingt einerseits über die Perversion, wie ich sie beschrieben habe, andererseits über den Sündenbock. Die Schuld wird auf den Sündenbock ausgelagert und damit ist die Unschuld (wieder) hergestellt: Die Frau ist es, die dem Mann den Samen entlockt, sie bleibt die Verführerin, angeführt von Eva. Die Installation eines Sündenbocks konsolidiert diejenigen Beziehungen, die gerade das ausschliessen, was zu ihrem Entstehen geführt hat: die Unschuld der Triebhaftigkeit, des Begehrens. So kann der Ausschluss aus der Ehe, aus der gesellschaftlichen Schicht, aus mönchischer Gemeinschaft verhindert werden. Der Sündenbock hat genau diese Funktion. Er konsolidiert die bestehenden Wert- und Machtdiskurse. Dementsprechend hat er auch nie etwas mit dem zu tun, für das er bestraft wird. In diesem Sinn ist die Installation eines Sündenbockes auch eine Form der Perversion. So muss die Hexenverfolgung – eine unentschuldbare destruktive Aggression – unbedingt auch auf dem Hintergrund einer wahnhaft unterdrückten Sexualität gelesen werden.

> Wenn viele sich auf einen Sündenbock einigen, entsteht eine Massenbewegung des Hasses, denn die Übertragung der Schuld ist vernichtend.

Aber letztlich kann weder ein Schafsbock verantwortlich sein für die Sünden, mit denen er in die Wüste geschickt wird, noch eine Hexe die Verantwortung für das männliche Begehren übernehmen. So lange die Macht derjenigen, welche die menschliche Triebhaftigkeit als Schuld bezeichnen, nicht hinterfragt wird, so lange erfüllt der Sündenbock seine Funktion, uns vor Ausschluss und anderen Strafen zu bewahren. Die Übertragung von Schuld auf andere ist so alt wie die Menschheit – einer Schuld, die letztlich keine ist. Das Dilemma, dass die konstruktiven Aggressionen als schädlich gespiegelt werden, kann mit solchen Übertragungen letztlich nicht aufgelöst werden. Das Einführen eines Sündenbockes lindert jedoch die Not, die entsteht, wenn ein Subjekt als Schuldiger aus der Beziehung ausgegrenzt oder in der Beziehung als Schuldiger stigmatisiert wird.

Wir können aber auch ausserhalb dieses Paradigmas denken und die Muskeln nicht mehr im Kampf, in der Vernichtung der Aggressionen im Dienste des Ich trainieren, sondern eine ganz neue Reibungsfläche eröffnen und nutzen und damit das Feuer des Begehrens, der Neugierde entzünden wie auch die Lust an der Auseinandersetzung mit der Differenz. In solchen Beziehungen braucht es keine Sündenböcke, um sich einer unerträglichen Schuld zu entledigen.

Hass ist immer zuerst Selbsthass

Eine Massenbewegung des Hasses, wie wir sie aus der ›grossen‹ Geschichte, der Geschichte der Menschheit kennen, ist immer auf eine kleine Geschichte zurückzuführen, auf eine zwischen mindestens zwei Menschen. Die eine Geschichte ist die logische Folge der anderen, und so können wir die kleine Geschichte hochrechnen zur grossen und von der grossen Geschichte zurückkommen auf die kleine, um an diesem Dreh- und Angelpunkt Veränderungen vorzunehmen. Denn das ist der einzige Ort, der verantwortungsbewusst und daher nachhaltig verändert werden kann. Und es ist für die meisten auch der einzige Ort, an dem sie wirklich wirksam werden können.

Ein Akt, der das Ich, die Integrität eines Menschen verletzt, ist ein aggressiver, ein destruktiver Akt. Bereits einen solchen Akt müssen wir als Hass bezeichnen. Hass ist vor allem Energie. Eine Energie, die vom Handelnden als Antrieb genutzt werden kann, als Kraft, einen Mitmenschen zu demütigen, zu entwerten, ihn in irgendeiner Form zu vernichten. Oder anders ausgedrückt: Die Energie des Hasses wird genutzt, den Mitmenschen in seiner Differenz nicht anzuerkennen und ihn in einem Gefälle zu sich selber einzuordnen.

Es gibt keinen einzigen Grund, ein solches Gefälle einzurichten. Dennoch befinden wir uns alle in dieser ›Zone‹, in diesem Raum der Verachtung und der Vernichtung, zusammen mit anderen und mit uns selber. Die Unterschiede bestehen nur in der Frage: Wie stark stecken wir in diesem Raum? Der Indikator oder der Gradmesser ist hier die Angst, die nur in diesem Gefälle, in diesen Brüchen auftauchen kann. Und wer hat sie nicht, diese Angst? Selbst wenn wir uns selber in diesem Gefälle einrichten, uns unterordnen, können wir von Hass sprechen. Von Selbsthass, weil wir mit dieser Unterordnung die Eigenverantwortlichkeit abgeben, sie delegieren. Auch hier gibt es keinen einzigen Grund, so zu handeln.

Hass ist also mehr als das Wüten einzelner böser Menschen, die im Extremfall eine Masse hinter sich zu vereinen vermögen, wie es in der Geschichte immer wieder geschah. Hass ist überall und jederzeit anzutreffen, er kann und darf nicht mehr auf andere projiziert und dort deponiert werden, um sich selber davon zu entlasten. Auch hier ist die grosse Geschichte Abbild der kleinen und umgekehrt. Auch bei dieser Projektion können wir sagen, dass die innere Geschichte auch die äussere ist; dass der Hass auf einen oder viele Menschen stets den Selbsthass voraussetzt.

Das eine geht nicht ohne das andere. Wenn es ein Subjekt schafft, seinen Hass auszulagern, wird es zeitweise von seinem Selbsthass entlastet. Aus diesem Grunde wird Hass ausgelagert, aus diesem Grunde wird jemand gesucht, auf den der Hass gerichtet werden kann. Und diesen Jemand nennt man »Sündenbock«.

Die Opferrolle entlastet von Schuld und Hass

Wenn Eltern unter dem Schreien ihres Kindes leiden und es schelten, dann machen sie ihr Kind zu einem Täter: Du bist der Verursacher unseres Leidens, du beschädigst uns. Warum das Kind auch immer schreit – es gibt keinen Grund, der es rechtfertigen würde, eine solche Opferposition einzunehmen, keinen Grund, das Kind schuldig zu sprechen.

Dieses Kind wird – auch später als erwachsene Person – versuchen, sich dieser ›Schuld‹ zu entledigen. Wenn ihm niemand zur Seite steht, der seine Unschuld bestätigt, der bezeugt, dass es seine Eltern nicht beschädigt, wird es die Unerträglichkeit dieser Last in ein erträgliches Mass umzuwandeln versuchen. Es verschiebt die ›Schuld‹ auf eine andere Person. Als Erwachsene sind uns diese Verschiebungen der Schuld auf eine oder mehrere Personen, auf Sündenböcke geläufig: Die Ausländer, die Frauen, die Andersgläubigen und so weiter werden zum Depot unserer Schuld. Und diese Verschiebung der Schuld ist ein Akt des Hasses. Die Energie, die es dazu braucht, ist diejenige des Hasses. Jemanden als Täter zu beschuldigen, indem man sich als Opfer dieses Täters ausgibt, ist ein Akt des Hasses. Es ist Hass, weil die beschuldigte Person nun als böswillig positioniert ist.

Die Kinder lernen von uns Erwachsenen, solche Verschiebungen zu nutzen und anzuwenden. Mit der Einnahme der Opferposition sind wir nicht nur von der Schuld und von der Angst vor der Schuld befreit, sondern auch von der Last, selber Hassende zu sein, wir sind von Schuld und Hass entlastet.

Anerkennung schliesst Bewertung aus

Wie bereits erwähnt, wird die Integrität eines Menschen schon verletzt, wenn ich ihn in seiner Differenz, seiner Andersartigkeit nicht anerkenne. Selbst wenn ich ihn als den wunderbarsten und liebenswürdigsten Menschen der Welt erachte, nehme ich ihn nicht in seiner Differenz wahr, sondern bewerte ihn. Auch die Überbewertung ist eine Bewertung. Ich werde damit der Eigenständigkeit dieses Menschen nicht gerecht, weil er ja nicht der wunderbarste Mensch sein kann. Ich verliere ihn in seiner Eigenheit aus den Augen und positioniere ihn beziehungsweise lasse ihn in himmlische Sphären *verschwinden*. Und wie bin ich selber in dieser Bewertung positioniert? Bin ich genauso wunderbar? Oder noch wunderbarer, weil ich ihn so bewerte? Oder weniger wunderbar, weil er ja der Wunderbarste ist?

Eine Idealisierung schliesst immer auch eine Entwertung mit ein, denn kein Mensch kann ein Ideal erreichen. Die Anerkennung der Differenz hingegen kennt keine Bewertung, weder Ent- noch Überbewertung, dementsprechend auch keine Hierarchie. Und sie ist nicht mit der Erwartung verbunden, dass eine Person immerzu wunderbar zu sein hat. Hier gibt es keine Tendenz zu Idealisierungen und daher auch keine Tendenz zu Entwertungen. Mit der Anerkennung der Differenz wird ein Raum eröffnet, in dem das, was zwischen zwei oder mehreren Personen passiert, ungewiss bleibt. Dieser Raum muss offenbleiben, er darf nicht verschlossen werden.

Das Ungewisse darf nicht mit Gewissheit ersetzt werden, denn Gewissheit bedeutet das Ende von Veränderungen.

Hinter den Verletzungen der Integrität steht die Absicht, dem Ich des Gegenübers Risse zuzufügen, es gar zu brechen. Demütigungen sind solche Verletzungen. Ich habe mit vielen Erwachsenen gesprochen, die als Kinder fremdplaziert und an den neuen Orten missbraucht und misshandelt worden sind. Sie alle empfanden Demütigungen als schwerwiegender als physische Gewalt. Die Demütigung, nicht als eigenständiger Mensch ernst- und wahrgenommen zu werden. Eine Demütigung hat zum Ziel, den anderen Menschen zu brechen, ihn sich zu unterwerfen, ihn seiner Aggressionen im Dienste des Ich zu berauben.

Ein ehemaliges Verdingkind, heute 67 Jahre alt, erzählte mir, wie sie als Zehnjährige aus der Verdingfamilie auf einem Bauernhof im Kanton Thurgau abgehauen sei. Sie wollte wissen, ob man sie vermissen und suchen würde. Sie habe sich hinter dem Geräteschuppen versteckt, und es sei immer dunkler geworden, sie habe zu frieren begonnen und Hunger und Durst bekommen. Und niemand habe sie gesucht. Niemand. Während der ganzen Stunden, die sie draussen gefroren habe, habe niemand nach ihr gerufen. Da sei etwas in ihr »zugegangen«, sagte sie. Sie sei in das Haus zurückgekehrt und habe bis heute nie mehr geweint.

Diesem Mädchen wurde nicht nur seine Differenz,

sondern seine Existenz aberkannt. Was für eine schwere Verletzung der Integrität dieses Kindes. Die ehemaligen Verdingkinder erhielten oft einzig in ihrer Funktion als Hilfskraft auf dem Bauernhof oder im Betrieb oder als sexuelle Objekte Anerkennung. Diese Anerkennung muss man sich nicht im Sinne eines Lobes oder einer Wertschätzung vorstellen, sondern in diesem Fall viel elementarer: Es geht darum, überhaupt wahrgenommen zu werden.

Wer dazugehören will, muss oft sein Ich ausschliessen

In einer intersubjektiven Beziehung erkennen und anerkennen alle Beteiligten, dass sich ihre Meinung und ihre Haltung von der des Gegenübers unterscheidet. In solchen Beziehungen handeln wir anders, wir tragen Konflikte aus, setzen uns miteinander auseinander, auch leidenschaftlich und vehement, und das, ohne die Integrität der Beteiligten zu verletzen. Die Integrität wird erst dann verletzt, wenn wir den anderen wegen seines Andersseins, seiner Differenz ausschliessen oder ihn in eine uns untergeordnete Position drängen – zum Beispiel in die Schuld. Ein solcher Akt bedeutet immer einen Ausschluss aus der Beziehung. Selbst wenn diese Beziehung äusserlich weiter bestehen sollte: Der Bruch, der mit der Schaffung eines Gefälles, einer Hierarchie herbeigeführt wird, kommt einem Ausschluss aus einer intersubjektiven Bindung gleich. Es gibt jedoch auch den Fall, dass sich ein Mensch selber aus einer Gruppe ausschliesst und sich dabei als deren Opfer positioniert. Auch das kommt einer Verletzung der Integrität der anderen Gruppenmitglieder gleich, weil er diese als Täter an ihm, also in der Schuld verortet.

Die Energie, die aufgewendet wird, um die Differenz, die Gleichwertigkeit zweier Menschen in eine Hierarchie zu brechen, um ein Gefälle einzurichten, nennen wir Hass. Diese Energie ist destruktiv, weil sie die Intersubjektivität und die Gleichwertigkeit aufhebt und eine neue Beziehungsstruktur mit oben und unten, schuldig und unschuldig, richtig und falsch schafft. Die neue Ordnung, die so entsteht, wird oft als naturgegeben verstanden, ist jedoch nur Ausdruck eines gewalttätigen Machtdiskurses. So gehen wir zum Beispiel davon aus, dass die Kinder ein Wissensdefizit haben und deswegen zur Schule gehen sollen. Wenn jedoch dieses Defizit nur im Machtgefälle derjenigen besteht, die vorgeben, welches Wissen als Wissen und Bildung anzuerkennen ist, werden die Kinder gleichsam ihres neugierigen Potenzials und ihres Ich mit all den Erfahrungen beraubt, die sie mit der Welt und anderen Menschen gemacht haben. Und sie werden an der Leistung gemessen, die sie erbringen, um sich an das, was ihnen als Bildung vorgesetzt wird, anzupassen. Auch damit wird die Integrität verletzt. Sogar schwer verletzt.

In solchen Narrativen, die wir nicht infrage stellen, sondern von denen wir im Gegenteil überzeugt sind, dass sie die Grundlage von Erfolg, Anerkennung, Wohlstand und Gerechtigkeit sind, in solchen Narrativen steckt der Hass, hier ist seine Brutstätte. Wenn ein Kind zur Schule geht und dabei lernt, dass es sein ganzes Erfahrungsspektrum, seine Emotionalität, sein Wissen über Familie und Gruppe, seine Assoziationen zur und seine Neugierde auf die Welt, seine Beziehung zu anderen Kindern und zum Lehrer oder zur Lehrerin, dass es all das als leistungsmindernd, ja sogar störend ausklammern muss, um sich den vorgesehenen beziehungsweise vorgeschriebenen Wissensstoff anzueignen, dann handelt es sich um ein Brechen seines Ich. Nicht sein ganzes Ich ist gefragt, sondern nur Teile davon, die geprüft und bewertet werden können. Um erfolgreich zu sein, ist dieser Weg für das Kind richtungsweisend. Um nicht ausgeschlossen zu werden, ist er zwingend. Um nicht aus der Familie und aus Gruppen ausgeschlossen zu sein, ist es unumgänglich, das eigene Ich auszuschliessen. Dieses Ich muss sich also an gewisse Bruchstellen in seiner Integrität gewöhnen. Das fordern wir in unseren Breitengraden von den meisten Kindern, die zur Schule gehen. Und damit unterstützen wir die Anwendung von Gewalt gegen sie.

Die Schule liegt in unser aller Verantwortung, wir richten sie ein, bestimmen ihre Inhalte, tragen sie, tradieren sie. Mein Buch soll dazu dienen, uns über unsere destruktiven Handlungen und Einrichtungen wie auch über unsere destruktiven Bindungen bewusst zu werden. Wenn wir uns bewusst sind, können wir auch verstehen, analysieren und – verändern. Wir können zwar unsere Geschichte nicht verändern, aber wir können – und das ist das Anliegen der Psychoanalyse – deren Wiederholung vermeiden, indem wir erkennen lernen, was genau wir wie wiederholen. Und warum. Und in diesem Sinne ist es mein Anliegen, mikroskopisch genau, ja unerbittlich präzise zu sein.

> Den Hass können wir nicht beseitigen, indem wir ihn bekämpfen, ja ihn gar hassen. Damit befeuern wir ihn nur. Vielmehr kommen wir nicht darum herum, ihn zu erkennen, zu verstehen und einzuordnen, auch unseren eigenen Hass, damit wir ihn aus unserem Reaktionsrepertoire entfernen können.

Die Vernichtungswucht des Hasses droht dort auszubrechen, wo wir dem anderen seine Differenz aberkennen. Und das tun wir ständig. Und ständig wird es uns angetan. Denn unser Verständnis von Beziehung beruht traditionell nicht auf der Differenz, sondern auf der Homogenität. Wir operieren mit Ein- und Ausschluss und versuchen so, die konstruktiven Aggressionen des anderen unter Kontrolle zu bekommen. Wir versuchen, ihn zu steuern und zu manipulieren. Darauf beruht unser bestehendes Machtsystem, das wir alle multiplizieren und tradieren.

Hass ist eine pervertierte Energie und kein Gefühl

Hass ist kein Gefühl, mit dem wir geboren werden. Niemand von uns kennt Kleinkinder oder gar Säuglinge, die hassen. Wir erfahren kleine Kinder als neugierig und offen, sie glauben alles, saugen alles auf, haben Vertrauen, sie geben uns gar riesige Vertrauensvorschüsse. Sie schreien, wenn ihnen etwas nicht passt, und setzen sich auf recht wirksame Weise für ihre Bedürfnisse ein. Wer war in der Strassenbahn oder im Einkaufszentrum nicht schon genervt ob ihrer fordernden Art? Doch in ihrer Entwicklung, das heisst in ihrer Begegnung mit den Menschen und mit der Welt, werden diese Kleinkinder auf Hass treffen und diesen übernehmen, so wie wir das alle tun und getan haben.

Im Gegensatz zur Freude oder zur Trauer – beides Gefühle, die dem Menschen angeboren sind – ist der Hass eine vernichtende, durch die Sozialisation pervertierte Umformung einer vormals konstruktiven Energie. Die Beziehung zu sich selbst und zu den anderen Menschen, die Beziehung zur Welt äussert sich dabei als eine hassende oder zumindest eine mit Hass kontaminierte, also vernichtende Beziehung. Erst die Auslagerung des Hasses, das heisst die Verschiebung auf eine andere Person, ermöglicht es diesen Menschen, sich einigermassen unbehelligt unter Menschen und in der Welt zu bewegen. Gefühlen hingegen wohnt kein Zerstörungsfaktor inne. Im Gegenteil, Gefühle wollen geteilt werden: Geteilte Freude ist doppelte Freude und geteiltes Leid ist halbes Leid.

> Bedrückende Gefühle werden in Beziehungen zu anderen Menschen durch Teilen erträglich gemacht, wohingegen der Hass in Gemeinschaften und Gruppierungen verstärkt wird und seine Vernichtungsabsichten potenziert werden.

Hass wird in der Gemeinschaft also nicht geteilt, sondern potenziert und legitimiert. Das gemeinsame Ziel ist nicht das Wohlbefinden eines jeden, sondern der Kampf, die Vernichtung. Die Beziehung zu anderen Menschen läuft nicht auf einer intersubjektiven Ebene, auf Augenhöhe, sondern beruht auf dem Ausschluss anderer. Also genau das Gegenteil, wenn man davon ausgeht, dass die Anerkennung der Differenz das einzige Verbindende ist in menschlichen Beziehungen ist im Hass das einzig Verbindende der Ausschluss dieser Differenz. Hass schliesst aus, Freude und Trauer verbinden.

Gleichzeitig sind Hassende auch Menschen, die den Ausschluss an sich selbst erfahren haben. Wenn zum Beispiel ein Kind mit einer Schuld behaftet wird, wenn es als Täter gebrandmarkt wird, dann wird es aus der Beziehung ausgeschlossen. Der Schuldspruch vernichtet jegliche intersubjektive Beziehung. Hinzu kommt, dass Erwachsene nur Beziehungsformen tradieren können, die ihrer eigenen Erfahrung entsprechen. Sich im Erwachsenenalter zu verbinden, bedeutet in diesem Fall, als Ausgeschlossener zu einem Angehörigen einer Gruppe von Ausgeschlossenen zu werden. Lösen sie sich von diesen Gruppen ab, fühlen sie sich meist verloren und einsam. Weil sie die Gruppe zur Ich-Stabilisierung brauchen, sieht man sie auch selten alleine. Die Gruppe ist für sie das Ich, sie sind mit den anderen symbiotisch verbunden und werden so zu einem Körper, je nach Ideologie auch »Volkskörper« genannt. Abgetrennt von diesem Körper, sind sie Verlorene und Ängstliche, das Verbindende und Haltende ist der Hass auf die anderen.

Die Stabilität des Ich und der Gruppe wird hier nur durch den Ausschluss der anderen gewährleistet. Durch den Ausschluss der Differenz, von der sich die Angehörigen der Gruppe bedroht fühlen.

Das Ausschliessen der Differenz bedeutet also Sicherheit und Schutz für das Ich. Und es impliziert einen ständigen Kampf gegen die anderen, das heisst, das Subjekt muss sich ständig behaupten, um Ich sein zu können, weil es nie erfahren konnte, dass sein Ich als different anerkannt wird.

Die Projektion des Hasses

Fassen wir kurz zusammen: Die Eigenheiten des Hasses, die Art, wie er sich ausdrückt und wie er ausgelebt wird, entspricht den Eigenheiten der Person, die ihn in sich trägt. Ebenfalls ist der Hass eine Form von Bindung, er ist also auf ein Gegenüber angewiesen. Der Hass richtet sich zuerst immer gegen das eigene Ich. Er kann aber auch ausgelagert, das heisst gegen ein anderes Ich gerichtet werden. Ausserdem kann Hass projiziert werden, wobei ein anderes Ich beschuldigt wird, das eigene Ich zu hassen oder gar vernichten zu wollen.

Für diese Projektionen benötigen wir Sündenböcke. Diese zeichnen sich dadurch aus, dass die Rolle, die ihnen zugewiesen wird, gesellschaftlich breit abgestützt ist. Damit wird es auch legitim, sie zu ächten und schlimmstenfalls sogar zu töten. Dies wiederum setzt einen gesellschaftlichen Konsens voraus, Schuld und Hass übertragen zu dürfen. Die Geschichte ist voll von Sündenböcken: Frauen, Hexen, Juden, Musliminnen, Christen, Kommunistinnen, Ausländer und viele mehr. Einen Sündenbock heranzuziehen, bedeutet, das eigene Ich zu schützen vor der Vernichtung durch den Selbsthass. Das eigene Ich wird genau vor dem geschützt, was mit dem Sündenbock geschieht: nämlich gehasst, bestraft, allenfalls sogar getötet zu werden für etwas, das nichts mit ihm zu tun hat. So wird der Sündenbock zu einem Objekt, auf das der eigene Hass und die Selbstgefährdung durch diesen ausgelagert wird. Er wird zum Träger einer Schuld, die nichts mit ihm zu tun hat.

Projektionen sind immer ein Gewaltakt

Doch wie entsteht Hass, wenn er nicht angeboren ist? Welche Strukturen begünstigen ihn oder bringen ihn hervor? Gibt es auch Strukturen, die ihn verunmöglichen? Da Hass eine Bindungsform ist und er in der Beziehung sowohl zu anderen Menschen als auch zu mir selber seinen Ausdruck findet, muss seine Herkunft die Beziehung sein. Weil er zudem die Eigenschaft besitzt, projiziert, das heisst vom eigenen Ich ferngehalten und übertragen werden zu können, nähere ich mich hier dem Hass über seine Projektionsfähigkeit.

Wir alle projizieren ständig irgendetwas auf irgendjemanden. Damit können wir Unangenehmes, das wir in uns verkennen oder ablehnen, aus uns ausschliessen und in einer anderen Person lokalisieren. Mit der Möglichkeit der Projektion regulieren wir unser Wohlbefinden. Die Person, die nun zur Projektionsfläche geworden ist, kann von dieser Projektion Abstand nehmen, weil die Projektion nichts mit ihr zu tun hat, oder sie kann sich damit identifizieren. Das geschieht meist unbewusst, in der Psychoanalyse nennt man es die *Identifikation mit der Projektion*.

> Eine Projektion – egal welcher Art – auf ein Kind ist immer ein Gewaltakt gegen das Kind. Einerseits weil sich das Kind nicht dagegen wehren kann, ohne einen seelischen Anwalt zu haben, andererseits weil die Projektion nichts mit dem Kind zu tun hat.

Das Kind wird in ein Dilemma getrieben: Es muss entscheiden zwischen seinem Ich, seinen Bedürfnissen und der Identifikation mit der Projektion. Eine Projektion ist immer mit einem Wunsch des Senders verbunden: Möge sich der Empfänger damit identifizieren, sodass sich der Sender davon entlasten kann. Wird ein Kind über alle Massen gelobt und belohnt – du bist das beste und wunderbarste Kind der Welt –, dann wird es diese Botschaft so verstehen, dass es so, wie es ist, den Erwartungen nicht genügt. Denn der Superlativ eines Menschen ist unrealistisch, nicht einmal erstrebenswert. Das Kind spürt ganz genau, welche Wünsche es zu erfüllen hat, und es spürt auch seine eigenen, die nicht wahrgenommen werden. Dieses Dilemma bereitet ihm einen einsamen Schmerz, zumal das elterliche Lob als Ausdruck der Liebe und Wertschätzung allgemein Anerkennung findet.

Jede Projektion, auch wenn sie sich als Liebe und Wertschätzung tarnt, ist also ein Übergriff, eine Entwertung des Kindes, folglich ein Gewaltakt. Damit ist die Einsamkeit des Kindes besiegelt. Es wird in eine Ausweglosigkeit getrieben, der es nur mit der Hilfe eines Erwachsenen zu entrinnen vermag, der sich für dieses Kind einsetzt und seine Wünsche und Bedürfnisse ernst nimmt. Nur mithilfe dieses Erwachsenen kann es sich der Projektionen erwehren. Ein Erwachsener, der zwischen den Bedürfnissen des Kindes und denjenigen des Projizierenden unterscheidet, damit das Kind aus den Fängen der Projektion erlöst werden kann. Andernfalls ist das Kind den Projektionen ungeschützt ausgesetzt und ausgeliefert.

In Familien ist es oft der Fall, dass sich Mutter und Vater nicht trauen, eine jeweils eigenständige Beziehung zu ihren Kindern aufzubauen. Dies aus der Angst heraus, der andere Elternteil könnte mit der eigenen Handlungsweise nicht einverstanden sein. Fälschlicherweise wird den Eltern auch immer wieder empfohlen, gegenüber den Kindern eine einheitliche Haltung einzunehmen. Das ist aber gar nicht möglich, da Mutter und Vater als Menschen unterschiedlich sind. Es geht bei diesen Empfehlungen vielmehr darum, einen Konflikt des Elternpaares zu vermeiden. Auf diese Weise verliert das Kind die Möglichkeit, einen Elternteil als Ausweg aus der misslichen Beziehung mit dem anderen nutzen zu können. Es könnte ihn beispielsweise nutzen, um dem Dilemma zu entkommen, sich der Projektion des anderen Elternteils anpassen zu müssen, sich damit identifizieren zu müssen und das beste und wunderbarste Kind zu werden und dafür Liebe und Anerkennung zu ernten. Es verliert auch die Möglichkeit, mit einem Erwachsenen als seelischem Anwalt seinen eigenen Wünschen treu bleiben zu können, ohne der Gefahr ausgesetzt zu sein, damit auf Wertschätzung verzichten oder gar mit Liebesentzug rechnen zu müssen.

Die Projektion gewährt diesem Kind im Erwachsenenalter Erleichterung, hindert es aber gleichzeitig daran, die Arbeit anzugehen, mit dem Inhalt der Projektion fertig zu werden, ohne einen anderen Menschen damit zu belasten. Es ist die Aufgabe jedes Erwachsenen, die Inhalte seiner Projektionen in die eigene Verantwortung zu nehmen und zu schauen, wie diese entschärft werden können, damit sie das eigene und das Ich des anderen nicht schädigen.

Kinder hingegen sind Projektionen machtlos ausgeliefert. Sie werden sich damit identifizieren, um die Beziehung zur geliebten Person oder zu jener Person, von der sie abhängig sind – was oftmals dasselbe ist – nicht zu verlieren. Mit der Identifikation entlasten sie diese Personen.

Der Hass kommt meist verdeckt daher

Die meisten von uns gehen davon aus, dass Hass angeboren ist, sozusagen ein genetisch verankertes Gefühl. Gleichzeitig behaupten wir, dass es Menschen gibt, die hassen, und andere Menschen, die nicht hassen. Handelt es sich hier also um unterschiedliche genetische Strukturen, unterschiedliche DNAs? Sind die einen Menschen einfach böser als die anderen? Die anderen besser als die Bösen? Oder ist es nicht einfach so, dass die einen Menschen ihren Hass besser verdecken können oder gar so zum Ausdruck bringen, dass niemand merkt, dass es sich hier um Hass handelt?

Ich gehe von der letzten Variante aus, ohne jedoch zu behaupten, dass Hass ein angeborenes Gefühl ist. Ich bleibe dabei, dass es sich um eine destruktive Energie handelt, die Beziehungsstrukturen entwächst, welche durch eine Ausweglosigkeit für das Ich gekennzeichnet sind. Ich gehe aufgrund meiner langjährigen Praxiserfahrung weiterhin davon aus, dass sehr viele von uns diese Art der Beziehung kennen. Wenn Hassreden und andere hasserfüllte Handlungen und Haltungen zunehmen, nehme ich nicht an, dass diese neu entstehen, sondern vielmehr, dass sie einen Raum vorfinden, in dem Hass gesellschaftlich legitimer geworden ist.

Die unverdeckten Formen des Hasses – diejenigen, die wir alle als Hass erkennen und benennen können – sind nur die Spitze des Eisberges. Die verdeckten Formen und das ganze zwischenmenschliche Geschehen, das noch keiner als Hass zu entlarven wagt, werde ich hier analysieren und neu strukturieren.

Der Opferdiskurs ist ein Machtdiskurs

Um die Entstehung des Hasses verstehen zu können, müssen wir uns nochmals den unterschiedlichen Definitionen von Aggression zuwenden. Die konstruktive Aggression ist diejenige Energie, mit der wir uns für uns selber einsetzen und gestalterisch an der Welt teilnehmen können.

Diese Energie beschädigt niemanden. Sie kann unbequem werden für ein Gegenüber, kann zu Auseinandersetzungen führen, die jedoch die Bindung und die Beziehung nicht gefährden.

Die destruktive Aggression jedoch verfolgt die Absicht, einen anderen Menschen zu kontrollieren oder zu manipulieren, Macht über ihn zu gewinnen, ihn zu beschädigen. Um diese Destruktion, diesen Hass verdeckt zu halten und ihn trotzdem ausleben zu können, gibt es einen sehr subtilen, nicht zuletzt sehr hinterhältigen und durchtriebenen, jedoch äusserst wirksamen Schachzug: die konstruktive Aggression der anderen in eine destruktive umzudeuten. Das heisst, die konstruktive Aggression wird als destruktiv dargestellt. Das macht ausnahmslos jeder und jede, der oder die eine Opferrolle einnimmt.

Wer sich in einer Beziehung in der Rolle eines Opfers positioniert, richtet ein Gefälle von Schuld und Unschuld ein, das die Entstehung einer intersubjektiven Bindung ausschliesst. Und wo ein Opfer ist, da ist auch ein Täter. Dieses Gefälle zwischen Schuldigem und Unschuldigem ist die einzige Absicht, die ein Opfer hat. Und diese Absicht entspringt dem Hass. Hier kommt er in seiner verdecktesten Form zum Ausdruck, hier ist er aber auch am allgegenwärtigsten. Unsere Beziehungen, unsere ganze Gesellschaft ist durchtränkt von dieser Opfer/Täter- beziehungsweise Schuld/Unschuld-Struktur. Jeder Krieg wird mit einem Feindbild eröffnet, mit der Benennung eines Täters oder potenziellen Täters. Oder im Kleinen: Ein Kind wird schuldig gesprochen, weil es die Schulleistungen nicht den Erwartungen entsprechend erbringt.

Der Opferdiskurs ist ein Machtdiskurs, weil das Opfer den anderen Menschen als schädlich für sich positioniert. Es spricht ihn schuldig.

Man kann es nicht genug betonen: Alles, was andere Menschen demütigt, unterwirft, entwertet, ausgrenzt, ist Hass. Es ist eine destruktive Energie mit der Absicht, den anderen zu kontrollieren, abhängig zu machen, gar zu vernichten. In nicht kriegerischen Auseinandersetzungen äussert sich der Hass in dieser stillen und leisen Form. Es ist ein *stiller Krieg*, der hier geführt wird. Ein Krieg beziehungsweise ein Gewaltakt, der nicht als solcher erkannt und anerkannt wird, der in keinem Gesetzbuch vorkommt und der keine Sanktionen zur Folge hat. Ein Gewaltakt auch, der nicht als Verbrechen bezeichnet wird, obwohl das Opfer einen Täter erschafft, eine Täterschaft definiert, die niemals und in keinerlei Zusammenhang mit ihm steht.

Wie der Hass übertragen wird

Der Täter erhält die Last, die Schuld aufgebürdet, für das Opfer schädlich zu sein. Auf diese Weise wird er entwertet, ausgegrenzt und stigmatisiert: Ein Schuldiger ist immer auch ein Ausgegrenzter. Er kann auch bestraft werden, denn das Opfer ist in seiner Rolle mächtig; so mächtig, dass es für sich reklamieren kann, das Recht auf seiner Seite zu haben, und in diesem Anspruch mehrheitlich bestätigt wird.

Eines der gängigen antisemitischen Vorurteile ist die Behauptung, die Juden hätten die Weltherrschaft inne und würden alle Nichtjuden unterjochen oder vernichten wollen. Im Nationalsozialismus diente diese hasserfüllte Anschuldigung als Legitimation, die Juden zu vernichten. Gemäss diesem Narrativ ging es also darum, der Vernichtung der arischen Rasse zuvorzukommen. Es geht darum, mit Vernichtung der Vernichtung zu entkommen. Es geht darum, die Vernichtung zu vernichten.

Die Idee, von den Juden vernichtet zu werden, ist eine Projektion der Nationalsozialisten. Projizieren können wir nur etwas, das wir in uns tragen, das Teil von uns ist, mit dem wir identifiziert sind und das wir loswerden wollen. Wenn wir nun die Vernichtung auslagern, dann war sie zuvor Teil von uns. Die Energie des Vernichtens, der Selbsthass und die Schuld, selber Täter oder Täterin zu sein, müssen vom Ich weggeführt werden, um es zu entlasten: Die Opferrolle ermöglicht diese Auslagerung auf einen Täter, auf einen Sündenbock, in diesem Beispiel die Juden. Das Opfer kann seine eigene Täterschaft, der es beschuldigt wird, auslagern. Es überantwortet seinen eigenen Hass, die eigene Schuld, die eigene Täterschaft einem Sündenbock und befreit sich so von der eigenen Position als Sündenbock.

> Wenn sich viele auf einen Sündenbock einigen, dann ergibt sich ein Massenphänomen von Überantwortung vernichtenden Hasses und vernichtender Schuld. Dann heisst es: Die Juden sind es, die hassen und die Weltherrschaft wollen.

Mir ist es in diesem Buch ein Anliegen, den Hass nach seiner Ursache und Herkunft zu befragen, um seiner Tradierung und Übertragung etwas entgegenzusetzen. Aus diesem Grunde will ich nicht in denselben Kanon geraten und den Hass zu hassen beginnen. Oder gar die Vernichtung vernichten zu wollen. Solche Bestrebungen lassen uns im selben Kreislauf verharren und bringen uns dem Ziel nicht näher, den Hass zu verstehen, um ihn zwecklos und überflüssig zu machen.

Wir können also davon ausgehen, dass die Übertragung von Hass ein Versuch ist, ihn loszuwerden. Denn Hass, der nicht übertragen und überantwortet wird, bleibt Selbsthass. Hass sucht sich immer ein Subjekt, und das naheliegendste sind wir selber. So kann er in unserem Inneren toben – wer kennt ihn nicht – und zerstörerisch gegen das eigene Ich wirken. Also ist es einsichtig, dass wir ihn zuerst einmal aus uns selber zu entfernen versuchen und ein Subjekt suchen, auf das sich auch andere einigen können, um den Hass in der Folge ›legitim‹ zu überantworten und das Subjekt bestrafen zu können. Über die Projektion erfolgt die eigene Befreiung von Schuld und Hass und Strafe. Damit verwirklichen wir unsere eigene Unschuld.

Projektionen sind eine psychische Funktion, die dazu angelegt sind, das Ich vor unerträglichen Belastungen zu schützen und seine Unversehrtheit zu sichern. Sie gelingen umso besser, wenn eine gesellschaftliche Einigkeit darüber besteht, wer das Opfer und wer der Täter ist, und wenn es zugleich eine gesellschaftliche Übereinstimmung über den Inhalt der Projektionen gibt. Das heisst also, wenn Einigkeit darüber besteht, gemeinsam in diesem Diskurs zu bleiben.

> Mit der Übertragung seines Hasses auf ein Gegenüber bestimmt das Opfer seinen Täter. Nun ist der Täter der Hassende, derjenige, der das Opfer hasst, der es schädigt, ihm böse will, es vernichten will.

Die Juden wurden im Nationalsozialismus die Subjekte der Übertragung dieses ausgelagerten, delegierten Hasses, ihnen wurden Vernichtungsabsichten und die Gier nach der Weltherrschaft unterstellt. Mit der Übertragung ihres Hasses auf die Juden wurden die Nationalsozialisten, die arische Rasse, zu Opfern, zu Opfern der Juden, und waren nun keine Täter mehr. Wir finden solche Projektionen sowohl auf der politischen als auch auf der gesellschaftlichen Ebene, überall dort, wo Sündenböcke die Verantwortung für den projizierten Hass und die damit zusammenhängende Schuld zu übernehmen haben. Es würde sich lohnen, eine Geschichte der Sündenböcke zu schreiben, um Auskunft darüber zu erhalten, welch ein aggressives und zerstörerisches Potenzial in den Einzelnen und in der Gemeinschaft steckt, welcher Hass da im Verborgenen lauert, der übertragen und ausgelagert werden will.

Gehen wir weg von der gesellschaftlichen Ebene hin zur kleinsten Beziehungsstruktur, derjenigen zwischen zwei Menschen, dann können wir aufzeigen, wie diese Mechanismen funktionieren, welches ihre Instrumente sind, und wir werden sie in der Folge hochrechnen können auf gesellschaftliches und politisches Handeln. Letztlich wird es darum gehen, die Projektionen des Hasses und der Schuld in die eigene Verantwortung zu nehmen, um die Tradierung aufzuhalten.

*Kinder identifizieren sich mit dem Aggressor
aus Notwehr*

Das Kind wird in eine bestehende Beziehungsstruktur hinein geboren. Die nächsten Akteure sind meist die Eltern. Mit ihnen lebt das Kind zusammen, sie sind es auch, die ihm eine Beziehung anbieten werden, auf die das Kind wiederum reagieren wird. Das passiert von der ersten Stunde an. Auch das Kind hat sein eigenes Repertoire, um Beziehung anzubieten, auf das wiederum die Eltern reagieren werden. Es ist eine dauernde Wechselwirkung zwischen all den beteiligten Protagonisten. Sie werden zusammen eine Sprache der Verständigung entwickeln.

Der Vater oder die Mutter könnten in dieser Beziehung eine Opferrolle einnehmen. Ein Opfer, das in der hier geschilderten Begrifflichkeit einen Täter benennt. Dementsprechend wird das Kind die Rolle des Täters erhalten: »Wenn du in der Nacht ständig weinst, kann ich mich am Tag nicht mehr auf meine Arbeit konzentrieren.« Oder: »Deinetwegen haben wir jetzt Streit.« Das Kind wird das alles aufnehmen – ob verbal oder nonverbal kommuniziert wird, spielt keine Rolle –, und es wird sich danach richten. Dabei kommt es in ein inneres Dilemma: Bin ich jetzt schädlich oder bin ich es nicht? Ich meine es doch gar nicht böse.

Oder ein Beispiel aus einer späteren Phase der Beziehung: Wenn das Kind älter wird und das Elternhaus verlassen möchte, muss es vielleicht mitansehen, wie das Opfer oder die Opfer, wenn es sich um beide Eltern handelt, unter seiner Autonomie, seinem Weggehen ›leiden‹, wie sie sich im Stich gelassen oder sogar depressiv fühlen. So wird das Kind seine Ablösung und Autonomie als Schuld erleben und nicht als Lust auf Eigenständigkeit und Freiheit. Solange niemand da ist, der oder die dem Sohn oder der Tochter die eigenen Bedürfnisse und Wünsche schützt und sie aus der ihnen angehefteten Täterschaft befreit, solange werden diese innerlich mit sich hadern, bis sie ihre Bedürfnisse als schädlich für einen anderen verstehen und sich mit dieser Erkenntnis identifizieren.

In der Psychoanalyse besteht dazu ein Begriff: die Identifikation mit dem Aggressor. Weil das Kind von den Eltern abhängig ist und keine anderen Möglichkeiten von Beziehung kennt, wird es sich mit dieser Aggression identifizieren. Sigmund Freud sagte zu Recht, dass die Wiege der Neurose die Kleinfamilie ist. In anderen Formen des Zusammenlebens, in grösseren Gruppen welcher Art auch immer, verdünnt sich die Opferposition der Eltern, und das Kind wird in dieser Gruppe einen seelischen Anwalt finden, bei dem es das Gefühl erfährt, aufgehoben zu sein und ernst genommen zu werden.

In der Kleinfamilie hingegen ist es Projektionen jeglicher Art ausgeliefert. Die Eltern oder ein einzelner Elternteil wird mit der Opferposition seinen eigenen Hass dem Kind überantworten. So erfährt sich das Kind als böse, als ein Kind, das die Eltern schädigt oder sie zu schädigen beabsichtigt. Und weil es böse ist, darf es gehasst werden, darf es bestraft und ausgeschlossen werden. Das Kind wird sich mit dieser Schuld identifizieren. Es wird sich zeitlebens schuldig fühlen. Oder es wird seinerseits diese Projektion auslagern: So wird der Sündenbock zum Täter, Schuldigen und Vernichter. Und dieser Sündenbock darf vernichtet werden, weil er gefährlich ist.

Ein Kind ist solch einer vernichtenden Übertragung wehrlos ausgeliefert, weil es in einer abhängigen Beziehung mit den Personen steht, die diese Übertragung machen. Doppelt ausgeliefert ist es, weil die Familie in unserer Gesellschaft idealisiert und der Kritik entzogen wird und weil die Opferrolle nicht als hasserfüllt entlarvt und benannt wird. Somit hat das Kind keinen Ausweg und keine andere Wahl, als sich mit dieser Projektion zu identifizieren: Ihr habt recht, ich habe unnötig geweint, vor allem in der Nacht, und habe euch den Schlaf geraubt. Jetzt habt ihr Streit, weil ihr meinetwegen nicht mehr zu genügend Schlaf kommt – ich bin schädlich für euch und werde versuchen, es besser zu machen, damit ihr an mir Freude habt und mich gernhabt und mir genügend Geborgenheit und Sicherheit gebt. Damit ich keine Angst mehr haben muss, dass ihr mich bestraft, vielleicht mit Liebesentzug. Denn der Liebesentzug bringt mich in eine existenzielle Not und Verzweiflung, da ich ja nicht selber auf mich achten kann.

> Das Kind identifiziert sich also mit der Projektion, es übernimmt die vernichtende Projektion, wonach es für seine Bezugspersonen schädlich ist. Dieser psychische Mechanismus hat für die Eltern Vorteile: Das Kind wird brav und angepasst, es unterdrückt seine eigenen Wünsche und Bedürfnisse, um keinen Schaden anzurichten.

Das Kind wiederum darf sich gewiss sein, dass dank seiner Anpassung die lebensnotwendige Nähe zu den Eltern nicht gefährdet ist. Gleichzeitig entlastet es die Eltern von deren Hass: Es trägt nun diesen Hass mit sich herum, einerseits als gehasstes Kind, andererseits beschuldigt als hassendes Kind. All das geschieht verdeckt. Zu sehen ist jeweils nur die Spitze des Eisberges, auf gesellschaftlicher Ebene in Form einer Einigung auf einen Sündenbock, auf der individuellen als psychische Symptomatik wie zum Beispiel eine Depression. Fest steht: Die Identifikation des Kindes mit dem Aggressor, der es als Täter brandmarkt, ist reine Notwehr.

Anders Breivik, das Monster

Die Identifikation mit dem Aggressor kann so weit gehen, dass ein Kind als Jugendlicher oder Erwachsener die ihm zugewiesene Rolle als Täter übernimmt und sie eins zu eins auslebt; dass es böse und zum Monster wird, zum Täter; dass es seine Mitmenschen schädigt, vernichtet, entsprechend der über viele Jahre hinweg erfahrenen Spiegelung. Die Mutter von Anders Breivik sagte in einem Interview, dass ihr Sohn schon als Dreijähriger ein Monster gewesen sei und sie deswegen eine psychologische Beratung aufgesucht habe. Anders Breivik hatte am 22. Juli 2011 in Oslo und auf der Insel Utøya 77 Menschen getötet, davon 69 Teilnehmerinnen und Teilnehmer eines Zeltlagers der Jugendorganisation der sozialdemokratischen Arbeiterpartei.

Ein Dreijähriger kann kein Monster sein. Er kann aber von einem Opfer als Monster gespiegelt werden. Der Spiegel, den das Opfer ihm vorhält, zeigt ihn als Täter. Naheliegender wäre es deshalb, diesen Spiegel als monströs zu bezeichnen. Für das Kind ist die Spiegelung als Täter unabwendbar und unerbittlich, ihr liegt keine Wahrheit zugrunde ausser die Gewissheit, dass der Spiegel den Gespiegelten zum hasserfüllten Menschen erklärt, ihn unmissverständlich und klar als Bösewicht, als Monster, als Vernichter positioniert. Und hinter dem Spiegel steht das Opfer, an dessen Leiden er seine böswillige Macht ablesen kann.

Anders Breivik war drei Jahre alt, als ihn seine Mutter als Monster spiegelte. Das bedeutet auch, dass ihm eine sehr grosse Mächtigkeit unterstellt wurde, die Macht über die Mutter, über diejenige Person, die kulturell unantastbar ist in ihrer Rolle, die für das Kind die Welt bedeutet, die für das Kind den Bezug zur Welt herstellt. Und nun, als Dreijähriger, wird ihm Macht über diese Person zugestanden. Solche Mechanismen sind die Quelle von Allmachtsvorstellungen.

Macht über die Mutter haben kann ein Kind jedoch nur, wenn ihm diese Macht übertragen und zugeordnet wird. So entwickelt es Allmachtgefühle und ist gleichzeitig ohnmächtig, weil es diese Macht als real existierendes dreijähriges Kind gar nicht haben, also auch nicht ausüben kann. Es kann die Verantwortung für die Mutter, für die Befindlichkeit der Mutter nicht übernehmen, sondern ist überfordert von diesem Auftrag, der es in Ohnmacht versetzt. So identifiziert sich das Kind mit der Projektion, allmächtig zu sein, und hat – quasi als unangenehmen Nebeneffekt – die Ohnmacht zu ertragen, weil der Auftrag, über die Mutter zu herrschen und für sie verantwortlich zu sein, nicht erfüllbar und somit unerträglich ist.

Diktatoren waren und sind oft Muttersöhnchen. Die Geschichte zeugt davon mit vielen Beispielen. Jeder, der sich allmächtig fühlt, der sich selber als gross und übermächtig wahrnimmt, birgt in sich den gleichen Anteil an Ohnmacht. Er wird sein Leben mit dem ständigen Ausgleichen der beiden Pole fristen und die Ohnmacht mit der Allmacht abwehren und bekämpfen.

Tatsächlich sind Allmachtsgefühle dazu da, die Ohnmacht abzuwehren. Und der Hass ist die Energie, die hilft, aus der Ohnmacht in die rettende Allmacht zu entkommen.

Dass Anders Breivik mit einer Spiegelung aufwachsen musste, die ihn als Täter an einem Opfer brandmarkte – das ist Hass. Dass er an diesem Opfer seine angeblich destruktive Energie ablesen musste – das ist Hass. Er war diesen Spiegelungen ausweglos ausgeliefert, zumal der Vater als möglicher Befreier auch noch abwesend war. So wusste Anders Breivik, dass er gehasst wurde, und zwar aus gutem Grund: Er war ja ein Monster. Seine Bindung zur Mutter war in diesem Sinne ausweglos, ohne Alternative. Es handelte sich um eine typische Übertragung der eigenen, hier der mütterlichen Destruktion und Vernichtungswucht auf ein Kind, das damit nichts, aber rein gar nichts zu tun hat.

So wurde Anders Breivik seit Kleinkind als Täter gespiegelt, und als Erwachsener wurde er zum realen Täter, zum Massenmörder. Er hat die Erfahrung, ein Monster, ein hassenswertes Geschöpf zu sein, internalisiert, und er wird diesen Hass – so will es die unausweichliche Identifikation mit dem Aggressor – auch gegen sich selber richten. Er wird sich genauso hassen, wie ihn seine Mutter gehasst hat. Die mütterliche Beziehung bleibt entscheidend über seine Beziehung zu sich selbst. Er kennt keine andere Form der Beziehung als diejenige zu diesem Gegenüber, dem er schadet, weil er ein Monster ist. Anders Breivik konnte sich vermutlich nie anders erleben, weil das Opfer die stärkste und mächtigste Position in Beziehungsstrukturen ist, und auch, weil ihn niemand, nicht einmal der Vater, aus seiner Täterrolle erlöste. Der Hass der Mutter, die ihren dreijährigen Sohn als Monster bezeichnet, und die ausgebliebene Rettung durch den Vater haben Anders Breivik in eine jahrelange tiefe Einsamkeit und Ohnmacht gestürzt. Es ist ursprünglich *ihr* Hass, den er als rechtsextremer Amokläufer an den Jugendlichen ausgelebt hat. Der Hass eines Menschen kann also von einem anderen Menschen, auf den er übertragen worden ist, ausgelebt werden.

Anders Breivik versetzte mit seinem tödlichen Angriff die Jugendlichen auf der Insel Utøya in Panik und Todesangst, er versetzte sie in Ohnmacht, sie waren seine Opfer. Tatsächlich tötete er Opfer, und zwar Opfer in dem Sinne, wie seine Mutter eines war. Sie hatte ihm gespiegelt, dass sie sein Opfer sei und dass er schon als Dreijähriger die Macht über sie besessen hatte, die Macht, sie in Ohnmacht und Angst zu versetzen. Jetzt führte Anders Breivik diese Spiegelung in der Realität aus. Ich gehe davon aus, dass die Ermordung der unschuldigen Jugendlichen stellvertretend für die Ermordung seiner Mutter stand. Die Mutter zu ermorden ist jedoch gerade im nationalsozialistischen Credo, wie er es übernommen hat, ausgeschlossen. Gleichzeitig ermordete er auch sich selbst, seine Jugend, die er nie verwirklichen konnte, nie unbeschwert und frei feiern konnte wie diese Jugendlichen an diesem Wochenende im Zeltlager auf der Insel Utøya.

Letztlich vernichtete Anders Breivik mit seinem blutigen Amoklauf den Spiegel; den Spiegel, den das Opfer ihm stets vorgehalten hatte.

*Die DNA des Hasses oder:
Wo ist der Anfang des Hasses?*

Wir können die Entstehung des Hasses nun besser verstehen, nachdem wir wissen, dass ein Subjekt in der Opferrolle sein Gegenüber als Täter an ihm zu spiegeln vermag und dass es sich dabei um eine Übertragung seines Hasses handelt. Und dass ein so gespiegeltes Kind ausweglos in diese Form der Beziehung verstrickt wird, solange ihm niemand zu Hilfe kommt. Dieses Kind erfährt, dass seiner konstruktiven Aggression im Dienste des Ich durch die Spiegelung des Opfers das positive Vorzeichen genommen und in ein negatives umgewandelt wird. In einem Atemzug wird die Energie eines lebhaften Kindes in ihr Gegenteil verkehrt, und damit wird es schachmatt gesetzt: Es will ja niemandem Schaden zufügen. Eine ausweglose Identifikation mit dieser Schuldzuweisung ist die Folge.

In dieser Struktur ist das Subjekt in der Opferrolle der primäre Träger und Tradierer von Hass. Es hat eine enorme Macht, indem es einen Täter benennt. Es liegt in der Verantwortung dieses erwachsenen Opfers, seinen Hass nicht in die nächste Generation zu tradieren und seine Kinder damit zu behelligen. Ebenso liegt es an ihm, die Verantwortung für den eigenen Hass zu übernehmen, statt ihn zu übertragen, um in der Ohnmacht des Gegenübers seine eigene Mächtigkeit wiederzufinden. Hannah Arendt sagte: »Wer Übles tut, lebt für immer mit einem Übeltäter zusammen.« Mit anderen Worten: Das Opfer muss sich selbst als Übeltäter wahrnehmen und ändern, damit die Übertragungskette gebrochen wird.

Die eigene Ohnmacht darf nicht abgewehrt werden, indem das Gegenüber in die Ohnmacht gezwungen wird. Ansonsten tradieren wir den Opfer- und Schulddiskurs. Leider greifen wir alle immer wieder auf dieses Narrativ zurück und übersetzen so unsere Ohnmachtsgefühle in Allmachtsgefühle, übertragen unseren Hass auf ein Gegenüber, auf einen von uns definierten Sündenbock. Wir alle kennen die Opferposition und nutzen sie. Ob es um politische, gesellschaftliche oder persönliche Meinungsverschiedenheiten und Auseinandersetzungen geht, sie werden oft im Opfer/Täter-Narrativ ausgetragen statt in der Differenz, auf der intersubjektiven Ebene.

Fassen wir kurz zusammen: Hass ist ein Mechanismus, um Ohnmachtsgefühle abzuwehren, weil er Allmachtsgefühle ermöglicht. Ohnmacht bedeutet, wehrlos, ausgeliefert zu sein, bedeutet Angst. Sie entsteht, weil die Aggressionen im Dienste des Ich als schädlich gespiegelt und somit unbrauchbar werden. Die Ohnmacht, die Angst, die entsteht, weil die konstruktiven Aggressionen nicht mehr genutzt werden können, ohne mit Schuldzuweisung und Bestrafung rechnen zu müssen, kann auch anders beruhigt werden, als sie in Allmacht, in Macht über einen oder viele andere Menschen zu transformieren. Die Selbstinszenierung eines Menschen als Opfer eines anderen Menschen stellt nur *eine* mögliche Variante dar, der Schlinge der Ohnmacht zu entfliehen. Diese Variante lässt uns allerdings im Teufelskreis des Hasses verbleiben, weil die destruktive Spiegelung agiert und nicht aufgelöst wird. Um der Schlinge der Ohnmacht jedoch nachhaltig und wirksam zu entkommen, wäre es ratsam, sich die Frage zu stellen, wohin und warum die konstruktiven Aggressionen verschwunden sind. Dann könnten die Opferposition und der Hass überflüssig gemacht werden.

Es ist möglich, die Ohnmacht ohne Konstruktion einer Opferposition aufzulösen, das bedeutet, sie in Eigenmächtigkeit um- beziehungsweise zurückzuverwandeln. Dazu müssen die Aggressionen im Dienste des Ich aus ihrer destruktiven Spiegelung befreit werden. Also müssen wir den Spiegel untersuchen, das Instrument, welches das Opfer anwendet. Dieser Spiegel, mit dem das Opfer seinen eigenen Hass und seine Schuldgefühle auf ein Gegenüber projiziert und ihn so zum Täter an ihm, zum Schuldigen macht, ist die Waffe. Hier ist das Drehmoment, hier wird die konstruktive Energie als destruktiv gespiegelt, und hier beginnt der Hass.

Der Anfang des Hasses

Stellen Sie sich vor, was für ein Unglück es wäre, wenn die Energie,
die nach Leben dürstet,
nach Ichsein,
nach Wirksamkeit

wenn die Energie,
die sich aktiv und kreativ an der Gestaltung des Ich und der Welt beteiligen möchte,
die Teil von Gemeinschaft sein möchte,
die sich nicht unterordnen will unter Diktate, welche Teile des Ich auszuschliessen verlangen,
um dazugehören zu können,
wenn diese ganze Energie als schädlich gespiegelt würde.

Wenn genau diese Energie
nur auf einem vorgeschriebenen Feld Anerkennung fände und die anderen Felder ausschliessen müsste,
wenn genau diese Energie
eine Bildung verordnet bekäme, die nichts mit der Bildung des Menschen zu tun hat und seine Neugierde nicht stillt, sondern sie beseitigt,
die dem Menschen die Verantwortung für sich selbst entzöge, um an deren Stelle andere Themen zu setzen, Themen, die das Ich zersetzen.

Wenn genau diese Energie
nicht nur in Familien, sondern auch in Schulen, in gesellschaftlichen und politischen Institutionen, in Unternehmen, in demokratischen Auseinandersetzungen als destruktiv gespiegelt würde.

Sobald diese konstruktive Energie zurückgestuft, ihr der Raum zur Ausdehnung genommen wird, sobald sie domestiziert und damit kastriert wird, wird sie destruktiv und sich zuerst einmal gegen sich selber richten. Sie implodiert und wird im Innern eines jeden zur Säure.

> Wenn die Ausdehnung, die Entwicklung und das Wachstum von Ich in den gesellschaftlichen Strukturen so definiert werden, dass sie sich gegen ein anderes Ich richten, dann kann sich die Expansion von Ich nur noch über ein einziges Paradigma verwirklichen: entweder ich oder du.

Über solche Wege entsteht die Perversion, die ihren intimsten Niederschlag in der Sexualität hat. Perversion (lat. pervertere = völlig umdrehen) bedeutet, dass sich der Lebenstrieb, zu dem auch der sexuelle Trieb gehört, einen Ausweg sucht, weil er sein Ziel, aus welchen Gründen auch immer, nicht anstreben kann und darf. Was in der heutigen Gesellschaft als pervers gilt und was nicht, obwohl es diese Bezeichnung verdiente – zum Beispiel die oft als Mutterliebe getarnten Übergriffe auf ein Kind –, wäre ein weiteres Buch wert. Wenn also Beziehung, auch die sexuelle Bindung, die Entwertung, Demütigung, Verachtung mit im Seitenwagen hat, dann ist sie mit Hass kontaminiert. Hass, weil das Ich sein Gegenüber nicht in seiner Differenz anerkennt. Und wenn das der Fall ist, erkennt sich auch das Ich selbst nicht in seiner Differenz, sondern nur im Gefälle: entweder oben oder unten, entweder in der Allmacht oder in der Ohnmacht. Der Kreis bleibt geschlossen, und alle Formen der Beziehung, auch die sexuelle, spielen sich innerhalb dieses Radius ab.

Narzissten – oder die Abwehr der Ohnmacht

Die Menschen, die wir heute als Narzissten bezeichnen, funktionieren in diesem Paradigma. Ihre perverse Fähigkeit, das andere Ich nicht mehr als menschliches Gegenüber wahr- und ernst zu nehmen, sondern nur noch als Klettergerüst, um nach oben zu gelangen und dort zu bleiben, sind in den obersten Spitzen der Konzerne äusserst gefragt. Das Ausblenden des Gegenübers als eigenständiger und verantwortlicher Mitmensch ist heutzutage – nicht nur in Konzernen – gang und gäbe. In der Schule zum Beispiel wird das Kind als leere Hülle angesehen, die nun mit Wissen gefüllt werden muss, und nicht als ein noch junger Mensch, der bereits viele Erfahrungen mitbringt; der ein eigenständiges Interesse an Wissen und eine eigene Art hat, sich dieses anzueignen. Das Kind wird als Mensch, als Subjekt ausgeblendet und zu einem Gefäss der Wissensaufnahme umfunktioniert. Diesem Schema unterliegt der grundsätzliche Irrtum, dass die Expansion von Ich, die Kultivierung der Aggressionen im Dienste des Ich als kreative und eigenverantwortliche Handlung, dem eigenen Ich, einem anderen Subjekt oder der Gemeinschaft schadet.

In dieser Verquickung – entweder du oder ich – sind Narzissten aufgewachsen. Sie haben intersubjektive Beziehungen nie kennengelernt, erleben sich daher selbst nicht als Subjekte und die anderen Menschen dementsprechend als Bedrohung. Der beste Selbstschutz eines Narzissten ist deshalb, in der gesellschaftlichen Hierarchie so schnell wie möglich nach oben zu kommen und dort zu bleiben. Dort an der Spitze steht er ausserhalb bedrohlicher Beziehungsgeflechte, das heisst ausserhalb von Konflikten und Auseinandersetzungen, in denen er sich ohnmächtig und verloren fühlen würde.

Eine Ohnmacht ist jedem Narzissten nachzuweisen. Er kann sie, solange er oben ist, abwehren und in Erfolg und Macht umwandeln. Unsere Machtstrukturen sind Ausdruck dieser Perversion, sind Teil unserer Demokratie, die somit nicht als freiheitlich, pluralistisch und gleichberechtigt gelobt werden kann. Wenn die konstruktive Lebensenergie als schädlich stigmatisiert und sie aus diesem Grund eingegrenzt und kontrolliert wird, unterliegen wir dem fürchterlichen Irrtum, dass wir damit Sicherheit, Wohlstand und Wohlbefinden erreichen und garantieren können.

Solange in einer Demokratie der Anspruch auf Macht beziehungsweise die Ausübung von Macht über andere kein Sakrileg ist, solange dieser Machtanspruch nicht als psychische Krankheit diagnostiziert wird, solange ist es keine Demokratie.

Ichsein geht mit der Vernichtung des anderen einher

Als Hitler am 1. September 1939 den Krieg gegen Polen vom Zaun brach, verkündete er der Welt: »Seit 05:45 Uhr wird zurückgeschossen.« Obwohl nachweislich niemand ausser den Deutschen geschossen hatte. Hitler bewirtschaftet hier das übliche Kriegsnarrativ: Der böse Feind greift uns in der Absicht an, uns zu vernichten, also dürfen wir ihn vernichten. Wer sich als Opfer darstellt, ist in einer mächtigen Position und kann, solange die Selbstdarstellung als Opfer nicht als Lüge entlarvt wird, für sich reklamieren, jegliches Recht auf seiner Seite zu haben. Mit der Einnahme der Opferposition kann ein Subjekt die Schuld, ein Hassender und ein Mörder zu sein, in Unschuld umwandeln. Die Vernichtung eines anderen als Täter bezeichneten Menschen oder einer als Feind verstandenen Gruppe wird legitim, und damit bleibt die Unschuld des Opfers erhalten.

Sich seiner Schuldgefühle zu entledigen, ist ein nicht zu unterschätzender Antrieb eines Menschen, der eine Opferposition einnimmt. In der kleinkindlichen, einer nicht intersubjektiven Beziehungskonstellation hat das Kind gelernt, dass es mit seinem Wachstum, mit seinem Streben nach Autonomie die Mutter und den Vater beschädigt und somit schuldig wird an ihnen. Es wird schuldig, weil es Raum einnimmt in der familiären Beziehung und Raum einnimmt in dieser Welt. Es wird schuldig, weil es seinen eigenen Wünschen und Bedürfnissen folgt, weil es wirksam wird. Die Entwicklung und das Wachstum des Kindes werden damit in die verheerende Gleichung gesetzt: Mein Raum nimmt dir deinen Raum weg. Die Raumerweiterung des Kindes wird als Vernichtung des elterlichen Raums angeklagt. So wird das Kind mit jeder autonomen Handlung schuldig werden. Man kann nicht genug auf das Gegenstück zu solchen Beziehungsformen hinweisen: In der intersubjektiven Beziehung wird weder ein Gefälle von Schuld und Unschuld noch von Opfer und Täter eingerichtet, also auch kein Machtgefälle. Hier anerkennt das eine Subjekt das andere als anders, als Nicht-Ich, und damit kann eine Beziehung auf Augenhöhe, auf der Basis von Gleichwertigkeit hergestellt werden, die einen Raum der Auseinandersetzung, der Konflikte und des Begehrens erlaubt.

Mit der Last der Schuld auf dem Rücken in die Welt hinauszugehen bedeutet demgegenüber, dass diese Schuld auf andere Menschen und Gemeinschaften übertragen wird. Wir übertragen nur das, was wir selbst erlebt haben. Wir übertragen die Muster, in die wir ausweglos verstrickt sind. In der Psychoanalyse versuchen wir diese Übertragungen in der Beziehung zum Psychoanalytiker, zur Psychoanalytikerin stattfinden zu lassen. Damit können wir sie bewusst machen und analysieren und deren Wiederholung auflösen. Andernfalls werden sie tradiert und in Handlung umgesetzt.

Adolf Hitler war viele Jahre ein ohnmächtig Herumstreunender, ein Vagabund – bis er den Krieg entdeckte. Bis er entdeckte, dass Töten legitim werden kann. Bis er entdeckte – und das war das Drehmoment –, dass die Installierung eines Sündenbockes ihn aus seiner Ohnmacht in die Allmacht katapultiert. Sein Erfolg basierte darauf, dass er dem deutschen Volk einen Sündenbock zur Verfügung stellte, dass er ihm eine Projektionsfläche bot. Dass er andere Menschen wie die Juden in Ohnmacht versetzte, um daraus seine Allmacht, die Allmacht seiner Partei, der ›arischen Rasse‹ zu beziehen. Dass er allen anderen, dem deutschen Volk, das Recht verlieh, das Gleiche zu tun. Sein Gewinn, die Flucht aus der eigenen Ohnmacht, ist zusammen mit der Vernichtung anderer Menschen zu lesen. Seiner eigenen Erfahrung entspricht, dass Ichsein einhergeht mit der Vernichtung des anderen. Und mit der Auslagerung dieser Vernichtung vermochte er gleichzeitig seine Angehörigen – in der Hochrechnung das deutsche Volk – vor der Vernichtung zu schützen.

Das ohnmächtige Allmachts-Ich

Ich möchte betonen, dass es mir keinesfalls darum geht, die Mörder des Nationalsozialismus in Schutz zu nehmen; gar sie zu entschuldigen, indem ich ihre Handlungen auf schreckliche Kindheitserlebnisse zurückführe. Das wäre zu einfach. Vielmehr möchte ich aufzeigen, wie mächtig ein Opferdiskurs ist und wie viele Menschen ihn bedienen. Adolf Hitler wurde demokratisch gewählt wegen seiner Hassreden und weil er Sündenböcke benannte, auf die sich (fast) alle einigen konnten. Etwas anderes als Krieg und Vernichtung hat er dem Volk nicht angeboten. Nun war der Sündenbock, der Jude, der Schuldige und konnte getrost getötet werden. Letztlich hatte Hitler angeboten, die Ohnmacht, verursacht durch die Unmöglichkeit, die Aggressionen im Dienste des Ich auszuleben, in ihrer destruktiven Spiegelung auszuleben und dabei unschuldig zu bleiben. Diesem Angebot sind Millionen von Menschen gefolgt.

> Allmacht ist immer fragil, weil sie lediglich eine Form der Abwehr ist und damit jeglicher Stabilität entbehrt.

Die Allmacht braucht stets einen Sündenbock, einen Feind, sonst fällt sie in sich zusammen, und dann hält die Ohnmacht wieder Einzug. Das Allmachts-Ich ist ein abhängiges Ich, weil es ohne den Kampf und ohne den Feind in sich zerfällt. So wurde denn auch im Nationalsozialismus nie von Frieden gesprochen, sondern stets von Siegern und Besiegten. Heinrich Himmler verkündete in seiner berühmten Rede am 4. Oktober 1943 in Posen, dass das Germanische Reich in 100 Jahren den Asiaten zu bezwingen hätte, allenfalls es das Ende der Schönheit und der Kultur und der schöpferischen Kraft dieser Erde wäre.

Der Nationalsozialismus kannte kein Narrativ des Friedens, es gab keine Vision von Frieden, nur den vernichtenden Kampf, das Narrativ des Krieges. In diesem Diskurs birgt jede Auseinandersetzung einen vernichtenden Anteil in sich, im Unterschied zur Austragung von Konflikten im intersubjektiven Raum. Deshalb ist die Flucht in die Allmacht, der Versuch, nach ganz oben zu kommen, als Form der Abwehr einsichtig. Sie entspringt dem Wunsch, zu den Vernichtern zu gehören statt zu den Vernichteten, zu den Ausbeutern, statt zu den Ausgebeuteten, zu den Allmächtigen statt zu den Ohnmächtigen. Dieser Diskurs ist grundlegend in der Politik, in der Gesellschaft, in zwischenmenschlichen Beziehungen, in der Bildung, in der

Wissenschaft. Also überall dort, wo Machtstrukturen unser Leben bestimmen, und das ist (fast) überall der Fall.

Diese Strukturen müssen hinterfragt werden. Wir sollten nicht der Versuchung erliegen, zu glauben, dass das ›Gute‹, das von Machtträgern versprochen oder gar getan wird, immer nur auf das Wohlgefallen und Wohlwollen der Bevölkerung abzielt. Vielmehr dient es oft dem simplen Zweck, oben zu sein und oben zu bleiben. Und wer oben ist und oben bleiben will, braucht diejenigen, die unten sind und sich damit zufriedengeben. Deren Bedürfnisse werden zwar abgefragt, um mit Versprechungen positive Wahlergebnisse zu erzielen, sie sind jedoch letztlich bedeutungslos. Diese Machtstrukturen haben zur Folge, dass solche Menschen ihr Bedürfnis nach Gemeinschaft, in der sie aufgehoben und geborgen sind, dem Bedürfnis oben zu sein hintanstellen und den Preis der Einsamkeit auf sich nehmen. Diese Form der Pervertierung menschlicher Lebensenergie – weg von deren eigentlichem Auftrag im Dienste des Ich, das seinerseits im Dienst der Gemeinschaft steht, hin zu einem Streben nach oben, an die Spitze – bleibt in der heutigen Gesellschaft grösstenteils unhinterfragt. Bestraft wird sie erst in ihrer gewalttätigen sexuellen Ausformung. Dass sie diesen intimen Bereich miteinschliesst, ist selbstredend. Die Unterscheidung, die hier gerne gemacht wird zwischen gesellschaftlicher und sexueller Gewalt, ist nicht viel mehr als heuchlerischer Natur und dient dazu, die gesellschaftliche und politische Perversion bedeckt zu halten.

Raumerweiterung für das Volk, Raumerweiterung für das Ich

Die Umdeutung der Aggressionen im Dienste des Ich in schädliche und vernichtende Aggressionen ist das einzige Machtmittel, das immer Erfolg hat. Wir sind in dieser Hinsicht eine pervertierte Gesellschaft, eine, die den Krieg, also das Töten, zu legitimieren vermag. Sie unterscheidet zwischen schützenswerten und nicht schützenswerten Menschen. Sie unterscheidet zwischen guten Menschen und bösen Menschen, die dann zu Recht ausgeschlossen werden dürfen aus Gemeinschaft.

Um einen Paradigmenwechsel anzuregen, möchte ich die Ursache dieses Narrativs erforschen. Denn wenn wir böse Menschen benennen und bestrafen, bedienen wir denselben Diskurs: Der andere ist der Böse, der Schuldige, der Täter, und ich habe nichts damit zu tun. Doch wir alle haben immer etwas damit zu tun: Wir tradieren den Opfer/Täter-Diskurs. Zur Aufarbeitung der Geschichte gehört es, die Opfer/Täter-Struktur eines jeden Einzelnen aufzuarbeiten und zu bearbeiten, um der zukünftigen Geschichte eine Wendung geben zu können. Damit nicht mehr ein Feind aufgebaut werden muss, um eine Ich-Identität zu konstituieren. Damit nicht mehr ein Feind aufgebaut werden muss, um die in Destruktion umgewandelte Aggression abzuführen. Damit diese Perversion ein Ende hat. Damit nicht mehr die Angst die Welt regiert.

Adolf Hitlers Idee der Raumerweiterung gegen Osten für das deutsche Volk lag genau dieses Opfer/Täter-Paradigma zugrunde: Der Angriffskrieg gegen Polen und Russland wurde als Verteidigung dargestellt. Und der mit Vernichtung einhergehenden Idee der Raumerweiterung stimmten nicht nur die Wehrmacht oder das politische Establishment zu, sie wurde vielmehr von (fast) allen Deutschen geteilt.

Es ist grundsätzlich falsch anzunehmen, dass Handlungen auf der grossen, der gesellschaftlichen und politischen Ebene anders motiviert sind als auf der kleinen zwischenmenschlichen Ebene. Sie haben dieselbe Grundstruktur. Wir nehmen die frühen Erfahrungen mit ins Erwachsenenalter, wo sie nicht ausgeschaltet werden können. Auch wenn immer behauptet wird, es gebe eine Objektivität – es gibt nur die Subjektivität. Wie könnte es anders sein, nehmen wir uns doch in allen unseren Handlungen mit. Nehmen wir uns mit in die grosse Geschichte und auf die Ebenen der Macht. Wo wir auch sind, wir sind dieselben. Wir tradieren dasselbe, wir projizieren dasselbe, wir handeln und reagieren nach denselben Mustern. Politikern wird gerne ein Mehr an Wissen zugesprochen, eine Reifheit und im besten Fall Weisheit, die wahrscheinlich eher einem regressiven Wunsch entspricht: Mögen diese doch mit bestem Wissen für uns das Beste bewirken.

Ändern wir für einmal unseren gewohnten Blickwinkel auf diese historischen Ereignisse und übersetzen die Idee der Raumerweiterung, wie sie politisch kommuniziert, propagiert und gehandelt wurde, auf eine erfahrene individuelle Beziehungsebene. Gehen wir einmal von der Grundformel aus: Raumerweiterung für das deutsche Volk = Raumerweiterung für das Ich, für das Ich eines jeden Bürgers, eine gewünschte Ausdehnung von Ich im Sinne von Entwicklung, Wachstum, Expansion in die Welt. Im Sinne von Eigenständigkeit des Ich. Diese Bedürfnisse haben für sich allein keinen Zusammenhang mit der Vernichtung eines anderen Ich, gar der Vernichtung ganzer Gemeinschaften und Völker.

Dass sich ein Ich, in diesem Beispiel das Hitlersche Ich, hochrechnet auf ein Volk, hat etwas mit dessen Grössenvorstellungen zu tun, die vermutlich vielen Staatschefs und Staatschefinnen eigen sind. Es hat auch etwas zu tun mit der Vorstellung einer Grenzenlosigkeit des Ich, das sich ohne weiteres auf ein Volk ausdehnen kann. Wenn Regierungsmitglieder in demokratischen Ländern von der Bevölkerung als WIR sprechen, dann können wir daran ihre Grössenvorstellungen ablesen. Die logische Konsequenz wäre, dass sie damit im gleichen Verhältnis auch die Verantwortung für dieses vergrösserte Ich zu tragen hätten. Das erweist sich jedoch immer als schwierig, weil wir Menschen in der Tendenz eher danach streben, die Verantwortung für uns selbst nicht aus den Händen zu geben.

Die Wiederholung dieses Musters ist, dass ein Ich, das sich als mächtiges über andere Menschen erhebt, gleichzeitig auch der damit verbundenen Verantwortung gegenübersteht.

So leuchtet es ein, dass Machthaber und Machthaberinnen die Kontrolle über ihr jeweiliges Volk verstärken, denn: Für ein braves Kind die Verantwortung zu übernehmen, ist viel einfacher, als wenn dieses Kind seinen eigenen Interessen und Bedürfnissen folgt.

> Die Einigkeit darüber, dass die Ehe und die Familie das tragende Grundelement eines Staates sind, zeugt von dem Versuch, allfällige subversive Kräfte in kleinstmögliche Gemeinschaften an- und einzubinden, um sie besser kontrollieren zu können.

Gleichzeitig wird so die gegenseitige Kontrolle, die soziale Kontrolle eingerichtet. Zudem ist die Sexualität unter Dach und Fach, also diejenige Energie, die – so sagte Sigmund Freud zu Recht – in ihrem Ziel variabel ist und keine Konventionen kennt. Diese Aussage Freuds wird fälschlicherweise immer wieder als Einladung zu sexueller Gewalt und Übergriffen ausgelegt, bedeutet aber nichts anderes, als dass diese Energie gegenüber Konventionen subversiv ist, subversiv in seiner positiven Ausformulierung. Sigmund Freud schrieb: »Es ist einfach das Programm des Lustprinzips, das den Lebenszweck setzt. An seiner Zweckdienlichkeit kann kein Zweifel sein, und doch ist sein Programm im Hader mit der ganzen Welt« (Das Unbehagen in der Kultur, 1930). Die sexuelle Triebenergie, das Begehren, ist schwer zu kontrollieren. Gängig ist der Versuch, die Kontrolle über diese Energie und ihre Einbindung in Ehe und Familie als sinngebend zu postulieren und Abweichungen als Tor zur Perversion und zu Gewalt anzuklagen. Dabei ist es genau umgekehrt:

> Die Perversion entsteht erst über die Domestizierung der Triebenergie, die in erstickende Korsetts geschnürt wird, um sie unter Kontrolle zu halten.

So spielen sich Allmacht und Ohnmacht, sprich: Fantasien von Grösse und die Unmöglichkeit, der damit einhergehenden Verantwortung gerecht zu werden, in die Hände. Diktaturen gelingt die Bändigung der Lebens- und Triebenergie am besten. Bekommen diese Machthaber und Machthaberinnen jedoch Angst, werden sie gar paranoid, weil sie befürchten, ihnen könnte die Macht entgleiten, dann können diese Ängste und die zunehmende Paranoia mit noch mehr Kontrolle beruhigt werden. An der zeitgenössischen Politik ist das alles ablesbar.

Meine Absicht ist es, die Schaltstelle in frühkindlichen Beziehungen, also in tradierten Beziehungsstrukturen zu finden, an der eine vorerst konstruktive Aggression im Dienste des Ich in eine destruktive pervertiert. Dabei ist es hilfreich, die Herstellung und die Herkunft des Hasses als pervertierte Form der konstruktiven Aggressionen anhand des Opfer/Täter-Diskurses zu erfassen, um uns allen zu ermöglichen, die Wiederholung aufzuheben. Denn wir alle haben an diesem Diskurs teil, und wir alle sind Täter, also Opfer.

Die Frage ist, wie weit wir es zulassen, eine bestehende Machtstruktur zu gefährden, zu destabilisieren, indem wir die zu Hass pervertierten Aggressionen im Dienste des Ich für jeden Einzelnen von uns zurückerobern und uns im Streit, in der Auseinandersetzung und in Konflikten üben, indem wir Ich-Ausdehnung verwirklichen, ohne damit einem anderen Ich Schaden zuzufügen. Indem wir uns üben im neuen Diskurs, wonach das einzig Verbindende in Beziehung die Anerkennung der Differenz ist.

Wenn das Kind in seinen autonomen Bestrebungen von einem Gegenüber in der Opferrolle in dem Sinne gespiegelt wird, dass es damit das Opfer beschädigt, wird es sich als mutmasslicher Täter zurückziehen, um die Beziehung nicht zu gefährden, von der es abhängig ist. Auf der Grundlage der Gleichung ›entweder/oder‹ – entweder geht es der Mutter und dem Vater gut oder es geht mir selber gut, beides ist nicht möglich – wird das Kind das Wohlbefinden der Eltern schützen. Dies nicht aus Liebe, sondern vielmehr aus existenzieller Notwendigkeit, denn ein Kind kann es sich nicht leisten, die Zuwendung der Eltern zu verlieren. So wird es sich in diesem Opfer/Täter-Machtgefälle einrichten, um emotional zu überleben. Es wird mit der Zeit dem Opfer recht geben, weil ihm ja alle recht geben und weil ein Opfer die Macht hat beziehungsweise ihm die Macht zugestanden wird, das Recht auf seiner Seite zu haben.

Der Opferdiskurs ist eine Perversion. Er nimmt jedem als Täter gebrandmarkten Menschen das Recht, sich für sich selber einzusetzen, indem er diese konstruktive Aggression als für den anderen schädigend definiert. Das ist Hass. Keine physische Waffe kommt an diese Form der Gewalttätigkeit heran. Eine physische Waffe ist als Tötungsinstrument definiert, vor dem man sich allenfalls schützen kann oder das verboten werden kann.

> Der Opferdiskurs wird nicht als Waffe anerkannt. Im Gegenteil: Ein Opfer behauptet gerade, dass ihm selber unschuldigerweise Gewalt, Unrecht angetan wurde, also bestätigt es seine Berechtigung zu töten, zu vernichten.

Die Opferposition ist eine Waffe, zu der jeder und jede greifen kann, die jeder und jede unbescholten und mit gesellschaftlicher Zustimmung jederzeit zur Verfügung hat und gegen alle anwenden kann, auch gegen Kinder. Und dabei hat er oder sie das Recht auf seiner Seite, weil er oder sie sonst vernichtet würde respektive worden wäre. Es handelt sich also hier um einen ganz legitimen Hass, der nicht als solcher hinterfragt wird oder vielleicht nicht hinterfragt werden darf. Wenn sich viele Opfer zusammenschliessen, zusammenwirken, dann sind sie durch Hass verbunden und nicht durch Angst, wie vielfach angenommen wird. Oder gar durch Ohnmacht.

Heinrich Himmler, der Judenvernichter

Viele Opfer zusammen haben die ungeheure Macht, einen Täter zu definieren und zu vernichten. Das ist Hass. Am 4. Oktober 1943 hält Heinrich Himmler, Reichsführer SS, in Posen vor 92 SS-Gruppenführern eine dreistündige Rede. Diese Rede gibt es sowohl als Audiodokument, aufgenommen auf Wachsplatten, als auch als schriftliches Dokument in den Akten der Nürnberger Prozesse. Auszug aus dem Dokument 1919-PS, Seite 145f: »Ich meine jetzt die Judenevakuierung, die Ausrottung des jüdischen Volkes. Es gehört zu den Dingen, die man leicht ausspricht: ›Das jüdische Volk wird ausgerottet‹, sagt ein jeder Parteigenosse, ›ganz klar, steht in unserem Programm, Ausschaltung der Juden. Ausrottung, machen wir.‹ Und dann kommen sie alle an, die braven 80 Millionen Deutschen, und jeder hat seinen anständigen Juden. Es ist ja klar, die anderen sind Schweine, aber dieser eine ist ein prima Jude (jemand lacht im Publikum). Von allen, die so reden, hat keiner zugesehen, keiner hat es durchgestanden. Von euch werden die meisten wissen, was es heisst, wenn 100 Leichen beisammen liegen, wenn 500 daliegen oder wenn 1000 daliegen. Dies durchgehalten zu haben, und dabei – abgesehen von Ausnahmen menschlicher Schwächen – anständig geblieben zu sein, das hat uns hart gemacht. Dies ist ein niemals geschriebenes und niemals genanntes und niemals zu nennendes Ruhmesblatt unserer Geschichte, denn wir wissen, wie schwer wir uns täten, wenn wir heute noch in jeder Stadt – bei den Bombenangriffen, bei den Lasten und bei den Entbehrungen des Krieges – noch die Juden als Geheimsaboteure, Agitatoren und Hetzer hätten. Wir würden wahrscheinlich jetzt in das Stadium des Jahres 1916/17 gekommen sein, wenn die Juden noch im deutschen Volkskörper sässen.« Drei Sätze später sagte er: »Wir hatten das moralische Recht, wir hatten die Pflicht gegenüber unserem Volk, dieses Volk, das uns umbringen wollte, umzubringen.«

Als Rechtfertigung, dass jeder Jude getötet werden muss, auch der »Lieblingsjude«, fügt Himmler eine zusammenhanglose und auffallend unlogische Begründung an. Er sagt: »Und dann kommen sie alle an, die braven 80 Millionen Deutschen, und jeder hat seinen anständigen Juden. Es ist ja klar, die anderen sind Schweine, aber dieser eine ist ein prima Jude. Von allen, die so reden, hat keiner zugesehen, keiner hat es durchgestanden.« Hier kommt ein Bruch in seiner Logik, und er dreht seine Rolle als Täter, als Organisator all dieser Morde in eine Opferposition; nun ist er ein Opfer dieses schrecklichen Anblicks all der leblosen Körper, die aus den von ihm angeordneten Erschiessungen resultieren. So wird der Täter zum Opfer. Gemäss Karl Wolff, SS-Gruppenführer und General der Waffen-SS wurde Heinrich Himmler übel beim Anblick der Leichen während der Massenerschiessungen. Er sei käsebleich geworden und hätte gezittert.

Durchstehen heisst hier, nicht in Anbetracht der vielen ermordeten Menschen in Ohnmacht zu fallen, durchstehen heisst in diesem Fall, sich, konfrontiert mit den Ermordeten, keiner Schuld bewusst zu sein. Das ist nur möglich, wenn Himmler die Juden nicht mehr als Menschen wahrnimmt, ganz im Sinn der Philosophin Hannah Arendt, die analysierte, dass die Juden zuerst entmenschlicht, zu Ratten erklärt werden mussten, damit die Vernichtung möglich war. Himmler durchtrennt die Verbindung zu einem anderen Menschen, trennt sich raus aus der menschlichen Verbindung und scheint damit in die Lage versetzt zu sein, seinen Hass an diesem Gegenüber ohne Schuld ausagieren zu können. Aus einer menschlichen Beziehung rauszugehen ist hier wichtig, um Schuldfreiheit zu erlangen, um den Hass geschützt ausleben zu können. Nur so ist zu verstehen, warum Himmler anständig geblieben ist, denn alle anderen, seine Familie, seine Freunde, seine Nachbarn, seine Parteigenossen begegneten nun einem hassfreien Mann, einem Mann, der seine destruktiven Aggressionen ausserhalb des Kreises, von dem er abhängig ist, legitim deponieren und agieren konnte. Der Preis, den er persönlich dafür bezahlt: Ihm werden weiterhin die konstruktiven Aggressionen im Dienste des Ich fehlen, fehlen werden ihm auch die Gefühle des Aufgehobenseins, des Vertrauens und der Sicherheit – alles, was ausschliesslich über Beziehungen erfahren werden kann –, gleichzeitig muss er weiterhin dem Genuss und dem genussvollen Begehren entsagen.

Himmler wird sich bemühen müssen, immer standhaft zu sein, es durchzustehen, nicht weich zu werden – alles Ausdrücke von ihm, man beachte die sexuelle Konnotation, – kein Mitgefühl zu zeigen. Er wird sich stets bemühen müssen, die Verbindungen zu den ermordeten Menschen zu trennen. Sollte ihm das einmal misslingen, dann wäre er verloren, dann würde er versinken in Ohnmacht und Schuld, würde vollumfänglich impotent, nicht nur in sexueller Hinsicht. Und gerade das kennt er ja aus seiner Kindheit, er konnte es als Erwachsener mit der Auslagerung auf einen Sündenbock umgehen und möchte keineswegs dahin zurück. Nicht zuletzt deswegen, weil er in der Zwischenzeit seine hasserfüllten Handlungen massiv ausgedehnt hat und sich dementsprechend auch die Schuld und die Schuldgefühle steigerten.

Der innere Zersetzer

Der deutsche Volkskörper sollte von seinem inneren Zersetzer, den Juden, gereinigt werden. Doch der eigentliche Zersetzer in Himmlers Körper und Seele sind sein (Selbst) Hass und seine Schuldgefühle. Solange er beide auslagern kann, solange wird er rein sein. Das bedeutet nicht, dass er gegenüber seiner Familie, seinen Kindern, Freunden und Parteigenossen besonders freundlich und herzlich war, sondern es heisst, dass er diesen Menschen in seinem Umfeld hörig und untertänig verbunden blieb; hörig und untertänig deshalb, weil ihm die konstruktiven Aggressionen im Dienste des Ich nach wie vor fehlten. Somit fehlte ihm auch die Auseinandersetzung mit der Differenz, das Begehren nach der Differenz, weil die Trennung der Welt und der Menschen in Gut und Böse, in Schuldige und Unschuldige eine eigentliche emotionale Bindung nicht mehr zulässt; auch die Sexualität wird so nur noch als mechanischer Triebakt ausgelebt. Des Weiteren haben die Nationalsozialisten die Triebhaftigkeit als zweckgebunden propagiert – es galt rassenreine Arier zu zeugen – und so von Schuld freigesprochen. Die nationalsozialistische Partei war ein Gefäss der Gleichen. Die Herrenrasse lässt keine Differenz zu, ansonsten ist sie nicht mehr rein.

Gehen wir wiederum von der Tradierung der kleinen Geschichte auf die grosse Geschichte aus, bedeutet dies, dass das Heranwachsen eines Massenmörders in diesem Paradigma zu verorten ist: im Aufwachsen mit einer Spaltung, in einer Spaltung. Wo verortet sich nun dieses Kind? Wo findet es sich wieder? Wo ist sein Ich? Wir können davon ausgehen, dass es, als verderblich und schädlich gespiegelt, jeglicher Form der Anerkennung als Ich entbehren musste und keine andere Wahl hatte, als sich mit dieser Spiegelung zu identifizieren. So bleibt seine einzige Rettung, sich von den sogenannt »bösen« Anteilen zu trennen, sie von sich fern zu halten, sie abzuspalten, um gut und brav zu sein und so in die Beziehung zu den Eltern aufgenommen zu werden. Die Eltern erhalten somit ein tugendhaftes, ihnen wohlgefälliges Kind, eines, das sich ihrem Credo unterwirft und dem fortan die konstruktive Energie fehlen wird. Also ein kastriertes Kind, dessen einzig mögliche Potenz darin besteht, in der Abspaltung seine destruktiven Gefühle auszuleben.

Das Kind wird in dieser Hörigkeit Anerkennung finden. Seine als schädlich gespiegelten Aggressionen im Dienste des Ich werden fortan abgespalten und auf Sündenböcke projiziert werden, die genau für diesen Zweck installiert werden. So bleibt das Kind rein. Seine Triebe werden zweckgebunden und damit schuldfrei ausgelebt oder gar nicht. Sie sind in jedem Fall pervers, also ausserhalb einer emotionalen Bindung, weil sie ein Produkt der Abspaltung sind. So findet sich dieses Kind als Erwachsener wieder, als Privatperson hörig und in der Abspaltung mächtig. Diese Spaltung des eigenen Lebens musste und muss tagtäglich immer wieder organisiert werden, damit dem Ich in der destruktiven Abspaltung nie Zweifel kommen. Sonst ist die Gefahr gross, von dieser Seite der Abspaltung in die andere zu fallen, in die vollständige Ohnmacht.

Uniformen mögen uns darauf hinweisen, dass sie dem hörigen und damit konturlosen Ich Halt und männliche Straffheit geben, sozusagen als Korsett dienen, um dem gelähmten Innenkörper gegen aussen ein machtvolles Aussehen zu verleihen. Dass Uniformen unbequem waren und meist immer noch sind, ist wohl nur ein Hinweis auf einen gequälten und wehrlosen Körper, der darin steckt.

Die Abspaltung der Energie, die das Ich braucht, um seine Wünsche und Bedürfnisse, sein Begehren zu verwirklichen, geht durch den ganzen Körper und die ganze Seele. Sie äussert sich auch in einem Reinlichkeitswahn und Ordnungsfimmel: Weggeputzt werden muss diese Energie, domestiziert, in geordnete Bahnen geführt. Auch die Triebenergie. Denn jede Kontamination mit Unkontrollierbarem, wie zum Beispiel dem Begehren, muss verhindert werden, sonst würde eine Verbindung zu anderen Menschen hergestellt und dann täte sich der Abgrund der Schuld auf. Die Tragik ist, dass Beziehungen bei solchen Menschen Schuld und Ohnmacht bedeuten. Versuchen sie, diesen misslichen Gefühlen zu entkommen, indem sie ihre schuldbehaftete konstruktive Energie abspalten, werden sie aufgrund der ausagierten Destruktion erneut schuldig. Die Abspaltung ist also kein Ausweg aus Schuld und Ohnmacht, sondern eine Verschiebung des Problems. All dem zu entkommen ist ausschliesslich möglich, wenn die Ursachen ergründet werden und versucht wird, die Abwehr zu verstehen, statt sie mit einem neuen Abwehrmechanismus zu vernichten.

Eine Identität in der Spaltung

Wenn Himmler in seiner Rede 1943 sagte: »Wir hatten das moralische Recht, wir hatten die Pflicht gegenüber unserem Volk, dieses Volk, das uns umbringen wollte, umzubringen«, dann dreht er seine Täterschaft um, legitimiert sie und macht sich und sein Volk zum Opfer. Damit ist er der Schuld an den Massenmorden enthoben.

Noch einmal: Mir ist es äusserst wichtig, das Drehmoment aufzuzeigen, das den Wechsel in den Opferdiskurs verursacht, um sich der Täterschaft und der Schuld zu entledigen, und zwar deshalb, weil er nicht nur bei Himmler vorkommt, sondern alltäglich ist. Wir alle praktizieren den Opferdiskurs und schlängeln uns damit aus der Schuld und der Verantwortung. Wir helfen den Flüchtlingen im Mittelmeer nicht, und zwar genau *diesen* Flüchtlingen nicht, weil sie weniger wert sind als beispielsweise Amerikaner, falls diese auf der Flucht wären. Diese Unterscheidung in wert und unwert kann so weit gehen, dass wir uns das Recht zusprechen, zu töten beziehungsweise die Rettung zu verweigern, weil ein Mensch nicht mehr als Mensch anerkannt wird. Die Unterteilung in anerkannte Menschen und in reine Arbeitsinstrumente gehört zum selben Herrschaftsdiskurs. Früher waren Sklaven und Frauen solche rein zweckgebundenen Wesen, solche Werkzeuge. Je nach dem Stand ihrer Befreiung sind diese Arbeitsinstrumente variabel, doch der Diskurs bleibt derselbe.

Das bedeutet wiederum, dass die Arbeitsinstrumente, die Nichtmenschen, für die Aufrechterhaltung der Macht unumgänglich sind. Denn ohne sie fällt die Allmacht weg, weil sie nur eine Abwehr der eigenen Ohnmacht ist. Nun hat ein anderer Mensch die Position der Ohnmacht inne, ein Nichtmensch, ein minderwertiger Mensch. Es bedeutet, dass für die Aufrechterhaltung einer Himmlerschen Identität diese Trennung in wertes und unwertes Leben, diese Abspaltung vonnöten ist, denn sonst würde er seinen Hass an seinen Nächsten ausagieren und in seiner Schuld ohnmächtig verloren sein. Oder er würde den Hass gegen sich selbst richten und sich umbringen. Abgespalten und projiziert kann nur etwas werden, das unerträglich ist für einen Menschen. In diesem Fall sind es die Schuld und der Hass, das heisst das Hassen und das Gehasstwerden und der Hass auf die Schuldgefühle wie auch die Schuldgefühle wegen des Hasses.

Infolge der Abspaltung der konstruktiven Aggressionen, mit denen es sich für sich selber einsetzen würde, ist das Ich nun verloren, konturlos und ohnmächtig. Es ist dementsprechend auch abhängig, abhängig davon, dass immer ein Sündenbock, ein Feind zur Verfügung steht, auf den es seinen Hass und seine Schuldgefühle projizieren kann.

Der Lebensantrieb scheint sich hier verlagert zu haben, weg vom Begehren und von der Neugierde auf Differenz hin zur Vernichtung seines eigenen Hasses und seiner eigenen Schuld beziehungsweise zur Vernichtung des Sündenbockes. Diese Art von Ich hat sich mit dem Nationalsozialismus ein Dogma, eine Ideologie erschaffen, in der es lebensfähig und anerkannt war. Wenn vielen diese Abspaltung ein Bedürfnis ist, dann wird daraus eine Massenbewegung und dementsprechend eine Massenvernichtung. Alle die Ichs in dieser Bewegung sind in ständiger Abhängigkeit, einen Sündenbock zu haben, auf den ihre abgespaltenen Teile und Gefühle ausgelagert werden können. Sowohl Hitler als auch Himmler sprachen davon, dass sie den Asiaten noch in 100 Jahren zu bekämpfen hätten. Dies nicht, weil sie ihren asiatischen Gegner als mächtig und schwer besiegbar einschätzten, sondern weil sie diesen Feind brauchten, damit das Ich-Abspaltungskonstrukt, also das gesamte Ich nicht zusammenfällt.

So trennt sich dieses Ich gleichsam aus den Beziehungen mit anderen Menschen heraus, entsprechend seiner Erfahrung, als Schädlicher und Schuldiger stigmatisiert zu werden. In der Verlorenheit der Bindungslosigkeit und mit der Schuld, die Mutter oder den Vater mit seiner Eigenständigkeit zu beschädigen, sucht sich dieses Kind als Erwachsener eine neue Gemeinschaft, eine Gemeinschaft der Gleichen, denen das Konstrukt des Sündenbockes die Erlösung von Schuld und Hass bietet. Dann ist das erfüllt, was Himmler in seiner Rede formuliert hat: »Wir sind anständig geblieben.« Diese Art der Anständigkeit wurde ihnen nun zur eigentlichen Identität, weil die Schuld für die Massenvernichtungen auf die Sündenböcke verschoben und diese damit in die Wüste geschickt werden konnten.

Auseinandersetzung statt Verdrängung

Der Treibstoff des Opfer/Täter-Diskurses ist der Hass. Anders wäre es gar nicht möglich, denn in diesem Diskurs denken und handeln Menschen in einem Gefälle zu anderen Menschen, in einer Hierarchie, die immer die Herabstufung, gar die Vernichtung anderer bedeutet, sei diese nun partiell oder vollständig, fantasiert oder agiert. Auch die Überhöhung eines Menschen kann ein solches Gefälle herstellen. Das sehen wir oft bei Eltern, die ihre Kinder auf ein Podest stellen und sie so als Menschen mit ihren Eigenarten entwerten. Die Kinder selber können an dieser Überhöhung nur scheitern. Eine intersubjektive Auseinandersetzung findet in beiden Fällen nicht statt, kann nicht stattfinden, weil die als schädlich gespiegelten Aggressionen im Dienste des Ich nun destruktiv geworden und im Hass gebunden sind, der nicht agiert werden soll.

Aus diesem Grund suchen wir auch jeweils homogene Zugehörigkeiten zu anderen Menschen, wir suchen die Symbiose, das Verschmelzen mit anderen, und vergessen, dass Homogenität einen Preis hat: Sie kostet uns die heterogene Eigenständigkeit eines jeden Einzelnen.

Eine Gruppe hat nur als heterogenes Konstrukt Bestand. Das zeigt sich auch in Ehen, die meist in der Phase der Verliebtheit beschlossen werden. Doch Verliebtheit ist kein Garant für eine langjährige Beziehung, denn sie macht aus zwei Menschen einen, was gerade der Reiz ist in der begrenzten Zeit dieser Phase. Für ein langes gemeinsames Leben jedoch macht die Differenz zum jeweils anderen das Begehren aus und dieses wiederum ist der Sauerstoff für die Beziehung.

Solange wir Beziehungen im Gefälle einrichten, ist der Hass stets als destruktive Energie mit dabei. Jegliche Art von Beziehung, ob die zu unseren Kindern, zu Vorgesetzten, zu Partnern, zu Lehrern, zu Kassiererinnen im Supermarkt, ist in der Regel im Gefälle eingerichtet, und nur der Opferdiskurs ermöglicht uns, manchmal auch oben, auf der Stufe über dem anderen sein zu können. Wenn wir diese Schichtung von oben und unten, gut und böse, mehr oder weniger wert, von schuldig und unschuldig ersetzen mit der Anerkennung und Wertschätzung der Differenz zu anderen Menschen, dann erübrigt sich die destruktive Absicht, den anderen vernichten zu müssen, um selber bestehen zu können. »Wir hatten das moralische Recht [...], dieses Volk, das uns umbringen wollte, umzubringen« – Himmlers Aussage bleibt ein schreckliches Beispiel für einen heute noch sehr präsenten Daseinskanon. Die Aggressionen im Dienste des Ich hingegen nehmen sich, wenn sie nicht als destruktiv gespiegelt werden, ihren Raum, einen Raum der Auseinandersetzung, in dem niemand zu Schaden kommt. Es ist eine Auseinandersetzung in der Differenz, ein Wettstreit der Meinungen und Ideen auf Augenhöhe, und kein Verdrängungskampf.

Vielfach müssen wir uns eingestehen, dass wir Angst haben vor einer Auseinandersetzung, dass wir Angst haben, nicht mehr dazuzugehören, ausgeschlossen zu werden, wenn wir unsere Bedürfnisse durchzusetzen versuchen oder auf unserer Meinung beharren. Diese Angst können wir mit der Anpassung an die Machtverhältnisse beruhigen. Doch ist es genau diese Angst, die wir fürchten müssen, denn sie flüstert uns ein, dass unsere Aggressionen im Dienste des Ich schädlich sind, auch für uns selber. Diese Stigmatisierung lebensbejahender, wehrhafter Kräfte als schädliche Energien zeugt davon, dass die Perversion alltäglich geworden ist und nicht hinterfragt wird. Die Himmlersche Gleichung, wonach die drohende Vernichtung vernichtet werden muss, ist in uns allen vorhanden.

Das Jonglieren mit der Schuld

»Von allen, die so reden, hat keiner zugesehen, keiner hat es durchgestanden.« Was meint Himmler mit *es*? Vermutlich den Anblick der Ermordungen: Da steht ein Mensch vor ihm, der nur einen Augenblick später durch eine Kugel in den Kopf leblos niederfällt. Und das zuhauf. Und was meinte Himmler mit *durchgestanden*? Er stand und steht es durch, bei den Massenermordungen dabei zu sein, ohne weich zu werden. Er ist hart geblieben, er ist standhaft, er ist ›stehen‹ geblieben. Wie schon zuvor angetönt, ist hier auch die phallisch-sexuelle Entsprechung interessant. Er ist nicht weich geworden aus Mitleid mit den Betroffenen, denn hätte er Mitleid gehabt, wäre er sich seiner Tat bewusst und damit schuldig geworden. Dann wäre er der Täter gewesen. Dann wäre er zusammengebrochen, und seine Potenz wäre zu Impotenz geworden. Hart bleiben bedeutet in seinem Fall also, ohne Schuld töten zu können. Die destruktive Spiegelung seiner Aggressionen im Dienste des Ich, die über die Identifikation zu Hass geworden ist, kann schuldfrei agiert werden. Schuldfrei töten zu dürfen – das war das Erfolgsrezept der Nationalsozialisten. Mit der Rechtfertigung, dass der von Nazigewalt Betroffene eigentlich ein Täter an den Deutschen ist, also die Schuld bei ihm liegt.

Ich übernehme weiterhin die phallisch-sexualisierte Sprache von Heinrich Himmler, in der er Begriffe wie ›stehen‹ und ›stehen bleiben‹, ›hart sein‹ und ›hart bleiben‹ und auch die ›Aufrichtigkeit‹ sehr oft nutzte – ja, es scheint, dass er sich vorwiegend dieses Vokabulars bediente –, weil sie uns die richtigen Bilder liefert, um das Changieren zwischen

Potenz und Impotenz zu verstehen. Um auch zu verstehen, wie brüchig das ganze Ich-Konstrukt ist.

Wenn also Heinrich Himmler im Sinne einer emotionalen Bindung, nicht eines mechanistischen Triebaktes zur Vermehrung der arischen Rasse, sexuell potent sein wollte, dann wäre er am Gegenüber schuldig geworden, weil ihm diese Triebenergie als schädlich gespiegelt worden war. Mit dieser Schuld hätte er nicht mehr ›stehen bleiben‹ können, er wäre weich geworden. ›Weich werden‹ war in seinem Vokabular gleichzusetzen mit impotent werden. Umgekehrt betrachtet konnte er also nur unschuldig sein, wenn er impotent war. Mit diesem Verständnis konnte er Potenz nur als Mörder verwirklichen, als Vernichter, und nicht als Beglücker in einer Beziehung. Er wollte jedoch potent wie auch unschuldig sein, er wollte beides. Die Lösung, die er und viele andere aus diesem Dilemma gefunden haben, ist beides zu sein: Mörder *und* unschuldig. Mit anderen Worten, sie mordeten *und* blieben stehen beziehungsweise standhaft. Indem sie ihre Schuld auf Sündenböcke projizierten und diese ermordeten, indem sie ihre Morde legitimierten, sind sie nicht schuldig geworden. So blieben sie unschuldig *und* potent.

Wir ersehen daraus, dass, wenn die Eigenständigkeit eines Menschen – dazu die konstruktiven Aggressionen unabdinglich sind – in einen Zusammenhang mit Schuld gebracht wird, dies vernichtend, dies Hass ist. Und dieser Hass wird tradiert und kann in der grossen Geschichte als Massenbewegung, wie wir das im deutschen Nationalsozialismus erlebt haben, legitim agiert werden.

Die Schuld konnte also überantwortet werden: Die Juden wollen ihn und *das deutsche Volk* vernichten, sie sind die

Schuldigen. Bei den Juden kann er zurückschlagen, bei der Mutter nicht. Er übernimmt eins zu eins die mütterliche Projektion, wiederholt sie bei einem anderen Subjekt und tötet dieses physisch und legal. Ein eigentlicher Ausweg aus dem Dilemma ist das nicht, denn er bleibt Täter. Einfach ein unschuldiger. Ihm Unschuld, eine kindliche und jugendliche Unschuld zu attestieren, hätte den Teufelskreis der Ermordungen gebrochen. Es ging also vorderhand gar nicht darum, die ›bösen‹ Juden zu ermorden, sondern Potenz und Unschuld herzustellen. Bei Millionen von deutschen Bürgern, Männern und Frauen.

Die Abspaltung der Schuld, Abspaltungen gemeinhin bedeuten gleichsam eine emotionale Vereinsamung, die Entbehrung des Genusses und des Aufgehobenseins. Diese kann nur durch eine gemeinsame Ideologie und ein gemeinsames – in diesem Fall nationalsozialistisches – Pathos abgefedert werden.

Die Zerstörung des Spiegels

Wenn die Mutter das Kind als Täter an ihr spiegelt, dann erlebt sich das Kind als Täter an ihr, weil solche Spiegelungen für Kinder unausweichlich sind. Würde sich das Kind dagegen auflehnen, dann bekäme es diese Wehrhaftigkeit wiederum als destruktiv gespiegelt, also bleibt es still und ruhig, um sich selber zu schützen. Der Rückzug in diese Anpassung ist mehr als vernünftig. Würde dieses Kind nun im Erwachsenenalter seine Mutter töten, ganz gemäss dem Bild seiner Schädlichkeit, das sie ihm gespiegelt hat, kann das als Versuch gelesen werden, den destruktiven Spiegel zu zerstören: Indem der Spiegel zerstört wird, erlischt die

Schuld. Mit der Ermordung des Opfers erlischt die Schuld. Gleichzeitig kann der Täter damit auch seinen Hass loswerden, den lange angestauten Hass, diese vernichtende Energie, die sich in der destruktiven Identifikation unausweichlich festgesetzt hat.

Ich schliesse bei dieser ganzen Thematik die Rolle der Väter nicht aus, die oftmals die mütterliche Gewalt verstärken, indem sie emotional abwesend sind und dem Kind keinen seelischen Anwalt bieten oder sogar die Vollstrecker der physischen Gewalt werden. In diesem Buch jedoch ist es mir ein Anliegen, die Rolle der Mütter in Bezug auf das Hauptthema zu analysieren, da sie bis anhin nachlässig unterschätzt und umgangen wurde.

Hass ist – so mein Fazit – nichts anderes als eine konstruktive Energie, die zurückgehalten werden muss. Das macht sie explosiv, weil sie aufgrund der destruktiven Spiegelung nur einen destruktiven Ausdruck finden kann. Und weil jede autonome Bewegung und Regung, die als schädlich gespiegelt wird, mit Destruktion kontaminiert ist, ergibt sich ein gewaltiges Potenzial an Zerstörung. Bezogen auf das nationalsozialistische Deutschland bedeutet dies: Die Massenmörder waren (sind) nur möglich mit einer grossen Masse von Mördern und Mittätern.

Wenn Heinrich Himmler nun meinte, dass er trotz der Massenermordungen anständig geblieben sei, dann heisst das, dass er seine Gewalttätigkeit, seinen Hass fernhalten konnte von seiner Mutter, seiner Frau, seiner Geliebten, seinen Kindern, seinen Verwandten und seiner Gruppe der arischen Herrenrasse. Es ist nicht nur ihm, sondern einer ganzen Generation von Erwachsenen gelungen, die Schuld und den Hass abzuspalten – diese erscheinen immer gekoppelt – und auf die Juden zu projizieren, um diese dann vernichten zu dürfen. Und weil mit jeder Tötung die Schuld wieder aufflammt, darf das Töten nicht aufhören, sondern muss bis zur Endlösung getrieben werden, um die Schuld ein für allemal zu vernichten. Damit kein Zeuge der Schuld mehr übrig bleibt, kein Opfer mehr Zeuge sein kann, kein Opfer mehr den Täter spiegelt. So wiederholt sich die eigene persönliche Geschichte und die Erfahrung dieser ausweglosen destruktiven Spiegelung. Damit wird klar: Solange wir den Opfer/Täter-Diskurs beibehalten, solange bleibt der Hass Teil unseres Lebens.

Mit der Projektion der Schuld auf einen Sündenbock kann sich das Ich davon befreien. Auch vom Hass, denn der Sündenbock kann legitim vernichtet werden. Wenn ich ihn töte, so sagt sich der Sohn, dann bin ich rein von Schuld und rein von Hass, und auch meine Beziehung zur Mutter bleibt rein. Ich bleibe das Wichtigste für meine Mutter, und sie bleibt für mich die wichtigste Frau. Solchen Beziehungen entwachsen Muttersöhnchen. Dabei handelt es sich um die klassische Geschichte des Ödipus, jedoch mit einem anderen Schwerpunkt, als ihn Sigmund Freud definierte: nicht ausschliesslich aus dem Blickwinkel gesehen, dass der Sohn die Mutter heiratet und mit ihr Kinder hat, sondern dass die Mutter den Sohn heiratet und mit ihm Kinder hat.

Wir sind es uns allen schuldig, den Opfer/Täter-Diskurs in unserem Alltag zu entlarven und damit die Wiederholung, die Tradierung aufzuheben. Dieser Diskurs trennt uns aus intersubjektiven Beziehungen mit anderen heraus, wir trennen andere von uns ab und richten diese Beziehungen in einem Gefälle von Opfer, Täter und Schuld ein. Und weil das einzig Verbindende in intersubjektiven und nicht hierarchischen Beziehungen die Anerkennung der Differenz des Gegenübers ist, die Anerkennung, dass der andere Nicht-Ich ist, müssen wir um jeden Preis vermeiden, diese Beziehungen in ein solches Gefälle zu drängen und so dem Hass Vorschub zu leisten.

> Als Machtdiskurs hat das Opfer/Täter-Narrativ zum Ziel, Schuld und Hass auszulagern. Um den Hass überflüssig zu machen, müssen wir folglich die Schuld abschaffen. Und zwar nicht durch die Übertragung auf einen Sündenbock, sondern indem Schuld als Beziehungskonstrukt aufgelöst wird.

Um nicht mehr in einem Gefälle schuldig von unschuldig, gut von böse, richtig von falsch unterscheiden zu müssen, gilt es, andere, neue Beziehungsstrukturen zu schaffen: Wir müssen uns in der heterogenen, intersubjektiven Auseinandersetzung üben. Wir werden keinen Sündenbock mehr stigmatisieren und vernichten, um schuldfrei zu sein, und wir werden keinen Feind installieren, um ihn legitim töten zu dürfen. Wir werden alle unsere Beziehungen nach unseren Ängsten abfragen und dann mit der Veränderung dieser Beziehungen, mit der Veränderung von uns selbst beginnen: Wo nehmen wir unsere Aggressionen im Dienste des Ich zurück, um der Gefahr, ausgeschlossen zu werden, zu entrinnen? Wo werden uns diese Aggressionen zur Gefahr, auch im öffentlichen Leben?

Verantwortung ohne Schuld

Anders Breivik hat ausgesagt, dass er bis zum Schluss überlegt habe, ob er nun schiessen solle oder nicht. Tausend Stimmen in ihm hätten gesagt: »Tue es nicht.« Und doch hat er es getan. Auch er ist hart geblieben. Hart, ohne Schwäche, also ohne Mitleid und Schuldgefühle. Er übernimmt die Verantwortung für seine Morde, weigert sich aber, eine Schuld einzugestehen. Damit macht er einen bedeutenden Unterschied zwischen Verantwortung und Schuld. Dieser Unterschied gibt viel Aufschluss über die Mechanik des Opfer/Täter-Diskurses.

Anders Breivik tötete die wehrlosen Jugendlichen, und Heinrich Himmler tat dasselbe mit den Juden. Es ist kein Kampf, bei dem der andere, der betroffene Mensch dieselben Möglichkeiten des Tötens hätte. Das Gegenüber ist dem Täter immer ohnmächtig und ausweglos ausgeliefert. Bei Anders Breivik wissen wir um seine frühkindlichen Beziehungen. Er wurde von der Mutter als Monster gespiegelt, und diese Spiegelung machte ihn ohnmächtig, weil sie nicht zutraf und weil ihm niemand einen anderen Spiegel vorhielt. So war er ihr ausweglos ausgeliefert. Über Himmlers Kindheit ist wenig bekannt. Und was Adolf Hitler betrifft, hören wir die immer gleiche schablonenhafte Geschichte von einem gewalttätigen Vater und einer liebenden und leidenden und fürsorglichen Mutter.

Diese Überlieferungen und Interpretationen müssen gründlich hinterfragt und überprüft werden. Vielleicht sollten wir einmal probehalber die liebende und leidende Mutter als diejenige Person sehen, die ihren verdeckten Hass auf ihr Kind übertragen hat? Die Mutter also ein Opfer? Was sie mit ihrem Sohn verband, war die Sicht auf den Vater, den beide als gewalttätig und als Unhold darstellten. Diese Einschätzung bleibt bis heute unangetastet. Dieses Bild des Ehemanns und Vaters verband die beiden und brachte sie näher zusammen. Hitler tradierte das Bild einer aufopferungsvollen, einer idealen Mutter. Das machen die meisten von uns, denn die Mutter ist, nicht nur im Nationalsozialismus, eine idealisierte Rolle, sie ist unantastbar, und niemand traut ihr zu, Hass auszuleben oder zu übertragen. Dass Mütter aber gerne Gebrauch machen von der Position des Opfers, der Unschuld – das bleibt niemandem verborgen.

> Die Idealisierung der Mütter hat eine dunkle Seite: Über welches reale Bild hinweg muss idealisiert werden? Vielleicht war Hitlers gewalttätiger Vater nur der physische Vollstrecker des mütterlichen Hasses? Dabei wäre er der einzige Gewalttätige gewesen, und die Mutter wäre unschuldig geblieben.

Ich gehe davon aus, dass alle drei genannten Massenmörder töteten, um sich zu befreien. Um ihre eigene Vernichtung zu vernichten, um ihre Schuld zu vernichten, um ihren Hass auszulagern und auszuleben. Um ihr männliches Potenzial wie auch ihre sexuelle Potenz wieder mit Unschuld verbinden zu können. An dieser Stelle möchte ich einmal mehr betonen: Es geht mir keinesfalls darum, all die grausamen Morde der Täter mit Gewalterfahrungen in ihrer Kindheit zu erklären, gar sie zu relativieren. Wer mir das unterstellt, der weigert sich, diese Opfer/Täter/Schuld-Strukturen bei sich selber festzustellen und sie zu ändern. Der setzt einen neuen Sündenbock in die Welt, auf den der eigene Hass ausgelagert werden kann.

Mir geht es vielmehr darum, den Kanon, wonach die anderen die Bösen waren und sind, nicht mehr zu bedienen, sondern bei uns selber anzufangen, uns selber zu hinterfragen. Nur so können wir eine neue Wirklichkeit erschaffen. Wir changieren alle in diesen Strukturen, sowohl in unseren persönlichen Beziehungen als auch als gesellschaftliche und politische Menschen. Wir legitimieren zum Beispiel Kriege, weil wir sie nicht als Morde, sondern als berechtigte Strafaktionen mit dem Recht zu töten verstehen. Oder weil wir sie als Schutzmassnahme vor dem bösen Feind postulieren. Wir legitimieren, dass Flüchtlinge als minderwertige Menschen gesehen werden und damit kein Recht auf Flucht und auf Rettung haben.

Potenz und Impotenz

Sind Anders Breivik, Heinrich Himmler und Adolf Hitler verloren, in ihrer Potenz bedroht, wenn sie nicht ›hart‹ sind? Sind sie dann impotent? Hitler trug das Foto seiner Mutter stets mit sich herum, ihr Bild hing im Schlafzimmer, im Bunker, auf der Wolfsschanze, auf dem Berghof – überall war sie mit dabei. Macht das ein 50-jähriger Mann? Eva Braun wird als seine Geliebte bezeichnet. Um diesem Terminus gerecht zu werden, wäre mindestens ein sexueller Akt notwendig. Doch niemand kann eine sexuelle Beziehung zwischen Adolf Hitler und Eva Braun bezeugen. Auch keine Bediensteten. Da waren keine zerwühlten Betten, weder Kuss noch Umarmung in der Öffentlichkeit und schon gar nicht eine Schwangerschaft.

Hat Adolf Hitler seine Mutter aus dem ewigen Elend, vor dem gewalttätigen (Ehe-)Mann retten wollen – und später das Volk, die hochgerechnete Mutter? Wollte er sich selber von seinen Schuldgefühlen ihr gegenüber befreien? Schuld, weil er ihr kein ebenbürtiger Ersatz für den Ehemann war? (Der Vater starb, als er 14, die Mutter, als er 18 Jahre alt war). Weil er hier versagt hat? Weil er, in Braunau aufgewachsen, nach Wien gegangen war, um diesem überfordernden Auftrag zu entfliehen? Aus irgendeinem Grund musste das Bild der Mutter in seinem Schlafzimmer sein. Möglicherweise damit sie sehen konnte, dass er ihr treu und ergeben geblieben war und nicht so war wie sein Vater, der triebhafte Mensch, der so viele Kinder gezeugt hatte? Solch starke Mutterbindungen, eine solch enorme Idealisierung der Mütter wie im Nationalsozialismus lassen den Verdacht zu, dass es sich bei Hitlers Beziehung zur Mutter *nicht* um Liebe gehandelt hat. Dass diese Bindung vielmehr über die Schuld des Sohnes, der Mutter mit seiner Eigenständigkeit, also mit der Aggression im Dienste des Ich, Schaden zugefügt zu haben, eine solch starke Kittung erfahren hat.

In der Sexualität ist die konstruktive Aggression die massgebliche Triebenergie; sie ist die Quelle des Begehrens. Es ist die Energie, die dem Mann die Penetration ermöglicht und der Frau erlaubt, diese Penetration aufzunehmen. Wie soll diese Energie genutzt werden, wenn sie als schädlich gespiegelt wird? Um nun die Mütter vor dieser Energie, vor dem Begehren zu schützen, kann der sexuelle Akt auf die Reproduktion beschränkt werden, beispielsweise auf das Gebären rassenreiner germanischer Kinder, auf die Sicherung der arischen Nachkommenschaft. Damit ist diese ›sündhafte‹ Energie reingewaschen, denn sie erfüllt einen Zweck, sie dient der Vergrösserung der Herrenrasse. Die Raumerweiterung für so viele Nachkommen – sprich: für so viel Triebenergie – ist im Eroberungsplan für den Osten mitberücksichtigt. Da der Frau der sexuelle Trieb sowieso abgesprochen wurde und sie diesen Diskurs auch bestätigte, muss der Mann nicht vor ihr geschützt werden.

Sie wird ihre Triebenergie als platonische Fantasie auf den Führer auslagern oder ihre Kinder unter dem Mantel der Mutterliebe als Objekte missbrauchen.

Wird der sexuelle Trieb aus dem als schädlich gespiegelten Begehren nach der Differenz des anderen entfernt und in einen Dienst am Vaterland umgewandelt – in diesem Fall die Produktion der arischen Nachkommenschaft –, bleiben auch alle die Männer anständig, die viele ihrer Kinder ausserehelich gezeugt haben. Und mit der Kraft und Intensität dieses völlig umgedrehten (lat. perversus) Begehrens werden dann Menschen jüdischen Glaubens massenhaft umgebracht. So viel gestaute und als schädliche Energie gespiegelte Triebhaftigkeit steht in einem klaren Verhältnis zu den Massenmorden im Nazi-Regime. Hier wurde diese Triebenergie, die nicht konstruktiv umgesetzt werden konnte, in ihrer destruktivsten Form ausgelebt.

Kurz zusammengefasst: Die Perversion ist ein Versuch, die Aggressionen im Dienste des Ich und somit auch den sexuellen Trieb zu retten, die als schädlich definiert werden. Diese starke Kraft und Energie soll gefahrlos bestehen können, ohne die Gefahr, schuldig zu werden. Die Auswege, die sich das destruktiv gespiegelte Begehren dabei sucht, können dem Gesetz durchaus zuwiderlaufen.

Fälschlicherweise wird heutzutage oft angenommen, dass die sexuelle Befreiung gelungen sei. Doch bei näherer Betrachtung scheint die Sexualität eher zu einem mechanistischen Akt verkommen zu sein, gerade aufgrund ihrer ›Befreiung‹ von bürgerlichen Auflagen, Repressionen und Restriktionen. Sie mündet in einer Grenzenlosigkeit, in einem Jekami: Jeder und jede kann alles und immer. Darunter scheint man die wachsende Prüderie, die mit den heutigen sexuellen Praktiken verbunden ist, verbergen zu können. Der Versuch, den sexuellen Akt aus dem Begehren nach dem *Menschen* – auch dem emotionalen Menschen – herauszulösen, ist stets auch ein selbstdestruktiver Akt und offenbart nichts anderes als eine gewisse Hilflosigkeit mangels eines alternativen Diskurses.

Wenn der Orgasmus nicht mehr ein Moment der Verschmelzung mit dem geliebten Menschen ist, sondern eine Form der Selbstbefriedigung, dann können wir ruhig behaupten, dass unsere gegenwärtige Realität von sexuellen Perversionen überschäumt.

Wir sind folglich eine Gesellschaft, die auch die sexuelle Ausformulierung der Aggressionen im Dienste des Ich als schädlich interpretiert und diese Interpretation weitertradiert. Ohne diese schädliche Spiegelung ist das Begehren eine Lust und Neugier auf die Differenz, auf den anderen, der anders ist als ich, und hat nichts mit Zerstörung zu tun. Nichts mit Sadismus, Masochismus, Voyeurismus, Exhibitionismus, nichts mit Entwertung, Demütigung, nichts mit Gewalt und nichts mit Macht. Demgegenüber ist unser Diskurs über Sexualität einer, der mit Schuld operiert, und Schuld ist Teil des Opfer/Täter-Diskurses.

Sobald das sexuelle Begehren mit Schuld konnotiert wird, ist der Ausweg in die Perversion die logische Folge, kann doch so der Schuld ausgewichen werden, ohne die Triebhaftigkeit zu gefährden. Damit kann die Penetration von der Vorstellung befreit werden, dass sie schadet, dann ist *hart sein* auch *anständig sein*, weil die Triebhaftigkeit schuldfrei gehalten, abgespalten werden kann. Auch hier kann die Schuld auf einen Sündenbock ausgelagert und mit diesem vernichtet werden: Die Hexenverbrennungen sind der beste Beweis dafür.

Wenn hart sein auch anständig sein bedeutet, dann heisst das – wie bereits angetönt – gleichermassen, dass Härte keine Verbindung, keine Beziehung zulässt. Hart sein angesichts tausender toter Menschen, so wie Himmler es blieb, setzt voraus, dass die Bindung zu diesen Menschen gebrochen wurde, dass sie nicht mehr als Menschen anerkannt werden. So ist auch Himmler in seinem Bestreben, hart zu sein und zu bleiben, beziehungsmässig draussen, auch im sexuellen Akt. Das ist der Grundduktus vieler Perversionen. Daraus lesen wir ab, dass solche Menschen Bindungen abwehren müssen, weil diese sie in ihrem Verständnis impotent, also ›unhart‹ machen. Aus dieser Sicht bedeutet Bindung eine Form der Kastration. Die Sicht trifft zu, wenn man voraussetzt, dass ein Mensch, der ›phallisch‹ ist, also über das Begehren und die konstruktiven Aggressionen im Dienste des Ich verfügt, das Gegenüber schädigt.

Wenn wir davon ausgehen, dass in den Uniformen der Nationalsozialisten hörige, abhängige Menschen steckten, die ihre konstruktiven Aggressionen abgespalten hatten, dann konnte die Abwehr ihrer daraus resultierenden Ohnmacht nur die Perversion sein: eine von Ich und Bindung abgespaltene Triebmechanik. Nur so können sie unschuldig, anständig und hart bleiben.

Die anständigen Frauen

Warum wird die Prostitution als das älteste Gewerbe der Menschheit bezeichnet? Warum wird der Mann als – verglichen mit der Frau – triebhafteres Geschlecht dargestellt?

Das triebhafte Geschlecht, das Prostituierte bezahlt, um diesen starken Trieb abzuführen?

Ist es nicht vielmehr so, dass in der Prostitution die Perversion bedient wird, nicht zuletzt die Perversion, Geld für den sexuellen Akt bezahlen zu müssen? Bezahlen, um einmal schuldfreien Sex haben zu können? Ist es nicht vielmehr die *Angst* des Mannes und nicht seine überbordende Männlichkeit, die ihn ins Bordell führt? Nicht zuletzt, weil die Frauen den Diskurs einer schädlichen Triebhaftigkeit mächtig vorantreiben? Möglicherweise, um sich selbst vor der eigenen Triebhaftigkeit zu schützen? Diese Triebhaftigkeit, die sie gerne dem Mann überantworten? Damit sie selber anständig bleiben können?

Diego, der verlorene Terrorist

Auch Diego (Name geändert) hatte einen Weg gesucht, um anständig zu bleiben. Um sein Mannsein und seine Sexualität ohne Schuldgefühle ausleben zu können. Er verliess im November 2012 sein Heimatland Kanada. Seiner Mutter sagte er, er würde nach Ägypten gehen, um Arabisch zu lernen. Er wolle Imam werden. Kurz zuvor hatte der 17-Jährige versucht, sich mit einem Frostschutzmittel umzubringen. Im Januar 2013, zwei Monate nach seiner Abreise, besuchten zwei kanadische Geheimagenten seine Mutter. Sie berichteten ihr, dass sie Diego schon seit einiger Zeit überwachen würden, da er sich dem Islamischen Staat (IS) angeschlossen habe. Der Chat zwischen Mutter und Sohn ist online einzusehen. Diego wurde im Januar 2014 von der Freien Syrischen Armee hingerichtet. Das neunminütige Video, das seine Mutter danach ins Netz stellte, soll als Botschaft an ihren Sohn gelesen werden.

Am Schluss des Videos ist nur der Kopf der Mutter zu sehen, abgesetzt vor einem dunklen Hintergrund. Sie weint und stellt folgende Fragen:

– Du wolltest Menschen helfen – warum konnten wir keinen anderen Weg finden?
– Wie kann ich beginnen zu verstehen, warum du uns verlassen hast? Um zu kämpfen, um Menschen zu verletzen?
– Warum bist du nicht nach Hause zurückgekommen?
– Als du sahst, worum es ging – warum (mit Nachdruck gesprochen) bist du nicht nach Hause zurückgekommen?
– Wie können wir unser Leben leben, ohne zu wissen, was du möglicherweise getan hast?
– Hattest du Angst?
– Als geschossen wurde – hattest du Angst?
– Du hast mir die Möglichkeit genommen, für dich da zu sein. Wolltest du mich dort? Wolltest du, dass ich dir einfach die Hand halte?
– Hast du uns vermisst?
– Hast du an uns gedacht in deinen letzten Momenten?
– Warum hast du uns verlassen?
– Wie können wir unseren Alltag weiterleben?
– Wie kann ich wissen, ob du wirklich wusstest, wie sehr ich dich liebte?
– Wie kann ich leben mit diesen Erinnerungen?
– Was hat das alles mit Gott zu tun?

Die Opferposition als Übertragungsort von Hass

Ich möchte neben den Beispielen von Breivik, Himmler und Hitler, die ich für meine These zur Entstehung und Tradierung von Hass heranziehe, auch noch die Mutter- und Vaterbeziehung von Diego untersuchen. Der Vater war abwesend, seit Diego zehn Jahre alt war. Die Mutter stellte, wie in ihrem Monolog unschwer zu erkennen ist, sich selbst in den Mittelpunkt. Alle ihre Fragen betreffen letztlich ihre Position als Mutter und als Opfer eines hingerichteten Sohnes. Daraus kann man auf eine grosse Einsamkeit des Sohnes schliessen, weil er in ihren Fragen gar nicht als eigenständige Person vorkommt oder wenn, dann als einer, der an ihr schuldig geworden ist.

Im Video gibt es eine kurze Sequenz, in der sie mit ihrem jüngeren Sohn, dem Halbbruder von Diego, in einem Fotoalbum blättert und weint. Ich habe mich gefragt, ob sie weint, weil der Sohn umgekommen ist, oder ob sie ihretwegen weint? Weint sie, weil er sie für immer verlassen hat? Die Fotos zeigen ein Familienglück, das schwer zu vereinbaren ist mit dem Suizidversuch von Diego, der von seinen inneren Nöten, seiner Einsamkeit spricht, denen er mit dem Tod zu entrinnen versuchte. Der Bruder, neun Jahre alt, lehnt an der Schulter der Mutter, seine rechte Hand liegt an ihrer Brust, und sie hält diese Hand am Gelenk fest. Mit der anderen Hand blättert sie im Fotoalbum. Der Bub versucht mehrmals ihrem Griff zu entkommen, es ist offensichtlich, dass er von der Mutter daran gehindert wird. Er muss mit ihr das Fotoalbum anschauen, und sein Bedürfnis, dieser Szene zu entkommen, wird nicht beachtet. Die Trauer der Mutter, die Tränen, die sie herunterschluckt, sind mächtig genug, um das Kind daran zu hindern, sie zu stören oder zu verlassen. Es bleibt ihr Gefangener.

Ich gehe in der Folge auf ihre Fragen ein und kommentiere sie auf dem Hintergrund meiner Thesen:

Du wolltest Menschen helfen – warum konnten wir keinen anderen Weg finden?
Wir können davon ausgehen, dass Diego alle Möglichkeiten ausgeschöpft hat, um seine Wünsche und Bedürfnisse kundzutun. Bevor ein Jugendlicher einen Suizidversuch unternimmt, hat er immer alles ausgeschöpft. Auch der jüngere Bruder ist daran, alles auszuschöpfen. Auch er wird scheitern. Helfen wollte Diego eigentlich sich selber. Weil es ihn aber nicht als unabhängiges Ich geben darf, ohne dass die Mutter verletzt und allein gelassen wird, weil dieses Ich also auch keine Hilfe erfahren kann, setzt es sich stellvertretend für andere ein.

Wie kann ich beginnen zu verstehen, warum du uns verlassen hast? Um zu kämpfen, um Menschen zu verletzen?
Die Mutter redet hier Klartext: Sie zu verlassen bedeutet, ein Mörder zu sein. Obwohl zu keinem Zeitpunkt Klarheit darüber bestand, ob Diego überhaupt jemanden getötet hat. Eher müsste man die Frage der Mutter so übersetzen, dass er mit seinem Weggehen sie verletzt, gar getötet hat, dass er zu ihrem Mörder geworden ist. Sie *nicht* zu verlassen, hätte somit geheissen, er wäre ein braves, liebes Kind geblieben. Er hätte sie nie traurig gemacht, ihr nie Schmerz bereitet, er hätte sie glücklich gemacht. Sie hätte ihn beschützt und umsorgt und ihm ihre Liebe gegeben. Ganz nahe bei ihr wäre er geblieben – so nahe wie jetzt sein Halbbruder –,

und damit hätte er ihr eine tiefe Befriedigung verschafft. Auch wenn es auf Kosten seines Wohlbefindens gewesen wäre. Das bleibt letztlich Nebensache, weil die Opferposition der Mutter die mächtigere ist.

In dieser Spiegelung ist Diego aufgewachsen: Wenn er die Mutter verlässt und ein eigenes Leben führt, ist er ein Mörder. Ihr Mörder. So geht er weit weg von ihr, um in Syrien zu töten und alle zu retten, die so ohnmächtig und verzweifelt sind wie er. Er töte diejenigen, so schreibt er der Mutter im Chat, die vergewaltigen, morden und foltern. Er rette die Unschuldigen, sagt er. Unschuldige wie er einer ist. Er tötet seine Vernichter, ihre Vernichter. Er tötet die Vernichter der Ohnmächtigen, derjenigen, die der Gewalt ausgeliefert sind. Stellvertretend. Dafür verspricht ihm der IS Männlichkeit, Frau und Haus. Sie geben ihm die Potenz zurück, die er aufgrund der schädlichen Spiegelung seiner Aggressionen im Dienste des Ich zurücknehmen musste, um in der Beziehung mit der Mutter weiterhin aufgehoben zu sein. Um nicht schuldig zu werden an ihr. Die verheerende Spiegelung drängt Diego in eine Identität, in der Mannsein, also die Rückeroberung der Potenz, bedeutet, sein Leben aufs Spiel setzen zu müssen. Töten, um nicht getötet zu werden. All das ermöglicht ihm der IS. Mannsein bedeutete für Diego, Mörder zu sein.

Um diese Identifikation auszuhalten, um in dieser Haut überhaupt leben zu können, musste er einen Ort suchen, an dem er schuldfrei töten konnte. Die Männer haben dafür den Krieg. Den Frauen fehlt ein solches Feld der Vernichtung, sie agieren das Gebot ›Vernichten, um nicht vernichtet zu werden‹ auf eine andere Art aus. Sie wählen vorwiegend den Opfer/Täter-Diskurs: In Diegos Fall spiegelt die

Mutter die Eigenständigkeit und die Ablösungsversuche ihres Sohnes so, als ob sie dadurch verletzt würde. Das ist ihr Krieg. Es ist eine hasserfüllte, eine vernichtende Übertragung. Wenn sich der jüngere Bruder von Diego aus der Umklammerung der Mutter befreien möchte, wird sie das mit physischer und psychischer Gewalt verhindern, wie das Video unmissverständlich aufzeigt.

Der IS bietet Männern wie Diego eine Gemeinschaft, er ermöglicht ihnen den Kampf und legitimiert das Töten. Weil sich Diego mit der Übertragung identifiziert, dass er andere beschädigt, wenn er sich für sich selber einsetzt, hat er keine andere Wahl, als Kämpfer zu werden. Die konstruktive Energie, die in den Aggressionen im Dienste des Ich steckt, entspricht derjenigen Energie, die in ihrer destruktiven Spiegelung zu Hass wird. Weil diese konstruktive Energie Teil des Lebenstriebes ist, kann Diego sie nur in der Destruktion verwirklichen. Wäre er als kanadischer Soldat in ein Kriegsgebiet geschickt worden, wäre er nicht als Terrorist, sondern als ehrenhafter Soldat gestorben.

Die destruktive Spiegelung der Aggressionen im Dienste des Ich ist eine Form von Hass, weil sie vernichtend ist. Sie vernichtet das Ich des anderen, indem sie es als Täter definiert und nicht als differentes Gegenüber. Mit der Stigmatisierung als Täter wird das Ich psychisch in Schuld eingebunden. So ergibt sich eine Beziehung im Gefälle auf der Basis eines Machtdiskurses. Solche Schuldbeziehungen können auch als Freiheitsberaubung bezeichnet werden, weil sie den ›Täter‹ sehr stark an das ›Opfer‹ kitten.

Warum sollte sich Diego also nicht gegen diese Vernichtung zur Wehr setzen?

Mangels einer alternativen Spiegelung war ihm dies nur über Kampf und Vernichtung, also über Hass möglich.

Mangels einer alternativen Spiegelung wurde er, gespiegelt als Vernichter, selbst zum Vernichter.

Mangels eines Vaters identifizierte er sich unausweichlich mit dem, was ihm der Spiegel der Mutter zeigte.

Mangels einer alternativen Spiegelung suchte Diego den Vernichter, den es nun zu vernichten galt, ausserhalb dieses Spiegels. Also nicht bei der Mutter, sondern es wurden Stellvertreter installiert: Nichtgläubige, Juden, Kommunisten, Bolschewiken, für Diego die Freie Syrische Armee.

So ist jeder Krieg ein Stellvertreterkrieg.

Warum bist du nicht nach Hause zurückgekommen?
Nach Hause zu gehen hätte sich Diego wohl sehr gewünscht. Doch das hätte geheissen, zur Mutter zu gehen, zurück in die Beziehung, in der er vom Opfer, von der Mutter, als Täter gespiegelt wird. So wäre ihm die Anerkennung seines Ich weiterhin versagt worden und hätten ihn seine Schuldgefühle gegenüber der Mutter weiterhin in die Impotenz getrieben.

Als du sahst, um was es ging – warum (mit Nachdruck gesprochen) kamst du nicht nach Hause?
Im Krieg zu Hause, mit der Mutter als seinem Opfer, hatte Diego keinen Ausweg, weil er sie nicht töten konnte. Einerseits wollte er kein Verbrecher werden, andererseits hätte ihn, das ahnte er, die Schuld bis ans Lebensende erdrückt. Zudem gilt die Tötung der Mutter in den meisten Kulturen als eines der schlimmsten Verbrechen. (Ich kann mir gut vorstellen, dass gerade die Mütter eine Idealisierung

brauchen, weil sie am meisten in Gefahr sind, ermordet zu werden.) Auch gegen die Mutter anzukämpfen, sich in aller Heftigkeit mit ihr auseinanderzusetzen, ist durch unsere gesellschaftlichen Konventionen schuldbeladen. Doch Diego musste seine Männlichkeit zurückerobern, und das konnte er nicht zu Hause, in der Nähe der Mutter, weil sie seine Autonomie und sein Begehren, also seine konstruktiven Aggressionen im Dienste des Ich, nicht zuliess. Folglich musste er ausser Haus gehen.

Ein kleiner Exkurs: Ödipus hat seine Mutter geheiratet und mit ihr vier Kinder gezeugt. Nie, oder sehr selten ist jedoch in der psychoanalytischen Diskussion die Rede davon, dass die Mutter ihren Sohn geheiratet hat und mit ihm vier Kinder hatte. Sprich: Auch das mütterliche Begehren nach dem Sohn trägt dazu bei, dass Ödipus seine Aggressionen im Dienste des Ich, also auch sein Begehren, nicht von ihr weg auf andere Frauen lenken kann, ohne schuldig zu werden.

Den Müttern zu widersprechen, wird oft als Tabu, als moralisches Unrecht angesehen und negativ gewertet. Ich frage mich, warum. Warum hält sich dieser Muttermythos so hartnäckig? Tatsächlich steckt in der vermutlich weltweit praktizierten Idealisierung der Mütter auch gleichzeitig ihre Entwertung, denn einem Ideal entsprechen zu wollen bedeutet, dass man sich selbst, seine eigenen Wünsche aufgibt.

Wie können wir unser Leben leben, ohne zu wissen, was du möglicherweise getan hast?
Die symbiotische Vereinnahmung und Entwertung des Sohnes durch die Mutter zeigt sich auch in dieser Frage. Die Verantwortung für die Morde, die Diego im Namen

des IS allenfalls verübt haben könnte, muss nicht die Mutter tragen. Warum stellt sie sich dann in einen Zusammenhang mit den Taten des Sohnes? Spricht sie ihm Verantwortungsbewusstsein und Intelligenz ab?

Hattest du Angst?
Diegos Angst im Krieg wird wohl der Angst vor der Mutter entsprechen. Nur hat er in Syrien die Möglichkeit sich zu wehren, was zu Hause nicht ohne Schuldgefühle möglich war. Mit der Teilnahme am Krieg holte er sich gleichsam seine Wehrhaftigkeit zurück. Ebenso konnte Diego hier seine Männlichkeit zurückerobern und für die Gerechtigkeit in seinem Sinne kämpfen. Ich vermute, dass die Begeisterung zu Beginn des Ersten Weltkrieges ähnliche Gefühle und Konstellationen zur Grundlage hatte, die als Antrieb dienten.

Als geschossen wurde – hattest du Angst?
Es steht wohl ausser Frage, dass Diego bei Schusswechseln Angst hatte. Ich vermute, diese Frage war der Mutter deshalb so wichtig, weil sie auf diese Weise eine Rolle als fürsorgliche und tröstende Mutter erhält. So verschafft sie sich – über das Elend und die Not ihres Sohnes – eine Rolle. Es ist eine gute Rolle, eine unschuldige! Wenn der andere ohnmächtig ist, kommt sie zu Macht.

Du hast mir die Möglichkeit genommen, für dich da zu sein.
Es ist die Mutter, die ihren Sohn nicht loslässt. Überall muss sie mit dabei sein. Sie kann sich vermutlich nicht vorstellen, dass Diego gerade dieser Aufdringlichkeit entweichen wollte.

Wolltest du mich dort? Wolltest du, dass ich dir einfach die Hand halte?
Man stelle sich das bildlich vor: Der Sohn wird hingerichtet, und die Mutter hält ihm die Hand. So wäre sie bis zuletzt das Opfer geblieben, das Opfer, das den toten Sohn beklagt. Ein Sieg: Sie bleibt die Mächtigste in ihrer Rolle des unschuldigen Opfers, dem das Schlimmste passiert ist, was einer Mutter passieren kann, nämlich dass ihr Kind stirbt. Damit erobert sie sich ein enormes Publikum, das nichts mehr hinterfragt, weil ihre Position als Opfer mehr als gesichert ist. Darüber sind sich fast alle einig. So bezieht die Mutter über den nunmehr toten Sohn ihre Identität und Funktion und ihren Lebenssinn. Genau wie zu seinen Lebzeiten. Nicht zu vergessen ist, dass sie zumindest hätte versuchen können, ihren Sohn da rauszuholen. In fundamentalistischen Gemeinschaften haben die Mütter eine besonders hohe und anerkannte Stellung. Es hätte ihr gelingen können. Doch die Idee, seine Hand zu halten, deutet eher darauf hin, dass sie einen toten Sohn einem eigenständigen vorzog.

Die Verantwortung für den Lebenssinn der Mutter hat Diego mehr als erdrückt. Für das Leben und das Wohl der Mutter zuständig, verantwortlich zu sein, war ein derart übermächtiger Auftrag, dass er ihm ohnmächtig gegenüberstand. So gross war diese Verantwortung, dass er als junger Mann eine ganze Glaubensgemeinschaft retten musste. Wenn ich nun vermute, dass Adolf Hitler einem vergleichbaren Elternhaus entstammt, was sich bei meinen Recherchen immer mehr erhärtete, dann hatte auch er es zu seinem Auftrag gemacht, die Verantwortung für ein ganzes Volk zu übernehmen. Er musste die arische Rasse retten und ihr Raum verschaffen. Die Eroberung dieses Raums bedeutete die Vernichtung anderer Menschen und verhinderte, dass sein Raum vernichtet wurde. Auf diese Weise konnte er den unersättlichen Hunger nach seinem Raum, den er nie schadenfrei einnehmen durfte, stillen.

Unser heutiger politischer Alltag hat dasselbe Paradigma zur Grundlage: Immer gilt es Opfer zu retten – einfach die richtigen. Immer haben wir Gründe zu töten – einfach die richtigen, sprich: weil wir die Opfer sind oder weil wir andere Opfer retten müssen. Das schreiben wir auf unsere Fahnen – und gleichzeitig schauen wir weg, wenn es gilt, die Flüchtlinge im Mittelmeer vor dem Ertrinken zu retten oder jene an unseren Grenzen vor Kälte und Hunger zu bewahren, Menschen also, die von *unserer* Gewalt betroffen sind.

Hast du uns vermisst?
Vermutlich hat Diego die Eltern vermisst. Eltern, die eine Beziehung zu ihm aufgebaut hätten, in der er nicht Objekt des Hasses gewesen wäre. In der er nicht als Vernichter der Mutter gespiegelt und somit beschuldigt worden wäre, sie zu hassen. Um dann alles zu versuchen, sich von der Last dieser Schuld zu befreien und sich bis zur tiefsten Depression an die mütterlichen Erwartungen anzupassen. Sein Versuch, nicht zum Täter zu werden, als der ihn der vorgehaltene Spiegel zeigt, hat ihn zum Suizidversuch geführt. Er wollte sein Ich auslöschen, weil es ja nur schädlich war. Weil der Suizidversuch misslang, agiert Diego sein Tätersein an einem Ort aus, an dem die damit verbundene Schuld in einen heroischen und legitimen Tötungsakt umgewandelt wurde. Er zog in den Krieg. Wie viele Männer sind in

dieser Verfassung in den Ersten Weltkrieg gezogen? Wie viele haben in dieser Verfassung Hitler und seine Partei gewählt? Den Adolf Hitler, der einen Sündenbock definierte und jedem das Recht gab, diesen zu vernichten?

Statt eines Raumes, um den Einsatz der konstruktiven Aggressionen an und mit anderen zu üben, wird Diego Krieg angeboten. Zeit und Raum für Vernichtung, für das Agieren der destruktiven Spiegelung der Aggressionen im Dienste des Ich. Ganz sicher hätte Diego sich andere Eltern gewünscht. Wie auch sein jüngerer Bruder, der in dasselbe Beziehungsmuster hineingezwängt wird.

Hast du an uns gedacht in jenen letzten Momenten?
Vermutlich hat Diego in seinen letzten Momenten an sich selber gedacht. Was geschieht da gerade mit mir? Doch das Recht, an sich zu denken, spricht ihm die Mutter bis zuletzt ab. Sie will im Zentrum bleiben, sie will nicht nur im Leben, sondern auch im Sterben ihres Sohnes das Wichtigste bleiben. Hätte Diego in seinen letzten Atemzügen an seine Mutter gedacht, hätte sie denjenigen Stellenwert erhalten, den sie sich wünscht: Sie ist ihm wichtiger als er sich selber. Damit wird die schreckliche Tragödie wiederholt, dass Diego im emotionalen Repertoire der Mutter bis zum Schluss nicht als eigenständige Person vorkommt. Im Gegenteil: Der Sohn hat die Mutter bis zu seinem letzten Atemzug in ihrer Wichtigkeit zu bestätigen. Ihre Identität ist an seine gekoppelt, ja hängt von seiner ab.

Was für eine Auflage, was für eine Verantwortung, was für eine Überforderung! Das Kind hat die Mutter in ihrer Identität zu bestätigen, obwohl es genau umgekehrt sein müsste. Für das Kind bleibt nichts als Verzweiflung, Ohnmacht bis hin zur schweren Depression. Denn es merkt, dass es Gefahr läuft, mit jeder autonomen Handlung der Mutter die Daseinsbestätigung abzusprechen und sie damit unglücklich zu machen.

Auf schweren Missbrauch wie diesen möchte ich mit diesem Buch aufmerksam machen. Ich will dazu beitragen, die Tradierung dieses Beziehungsmusters zu unterbrechen. Die Schläge des Vaters, die in der biografischen Literatur über Adolf Hitler immer wieder als eine Hauptursache seines späteren Handelns angeführt werden, sind harmlos gegenüber der nicht entlarvten und diskutierten Gewaltanwendung einer Mutter in der Opferrolle, die ihr Kind zum Täter an ihr brandmarkt. Hitlers Mutter wird als aufopfernde (!) Person geschildert, die ihren Sohn stets zu beschützen versuchte, vor allem vor dem Vater. Der Sohn habe die Mutter über alle Massen geliebt, sagte Klara Hitlers jüdischer Arzt nach ihrem Tod, er habe noch nie einen so liebenden und verzweifelten Sohn gesehen.

Adolf Hitler war zu diesem Zeitpunkt 18 Jahre alt und nun Vollwaise. Doch was hat ihn so zur Verzweiflung gebracht, frage ich mich? Beim Tod der Mutter war er ja bereits weg von seinem Zuhause in Braunau, er versuchte in Wien ins Kunststudium aufgenommen zu werden. Waren es womöglich Schuldgefühle, die ihn in die Verzweiflung gestürzt hatten? Weil die Mutter wegen seines Auszugs gestorben sein könnte? Weil er seinen eigenen Weg gesucht hatte? Weil er sie verlassen hatte? Weil er die Verantwortung für sie und ihr Leben und ihre Befindlichkeit nicht wahrgenommen hatte? Vielleicht wurde Adolf Hitler von Schuldgefühlen geplagt, weil er sich vorstellte, dass er mit seiner Autonomie die Mutter getötet hatte, ein Täter geworden war. Vielleicht hatte er sich auch schuldig gefühlt, weil er nach dem Tod des Vaters – er war damals 14 – den Ehemann der Mutter nur schlecht ersetzt hatte, ja später vor diesem Auftrag vermutlich geflohen war.

Für einen Elternteil, ein ›Opfer‹, Verantwortung übernehmen zu müssen, bedeutet für ein Kind immer, permanent etwas schuldig und damit auch ohnmächtig zu sein, weil es von diesem Auftrag überfordert ist. In der Psychoanalyse nennen wir dieses Muster Parentifizierung (parents, frz. = Eltern), weil hier die Rollen vertauscht sind. Sobald das Opfer stirbt, wird in der Dynamik des Opfer/Täter-Diskurses die Schuld des Täters festgelegt: Das Opfer, das ihm stets eine Schuld gespiegelt hat, ist nun wirklich tot. Diese ›bestätigte‹ Schuld treibt den Täter in die Verzweiflung und Ohnmacht, gerade auch deswegen, weil ihn als Kind und Jugendlicher niemand aus diesem katastrophalen Auftrag erlöst und ihm eine Unschuld bestätigt hat. Hier liegt die Ursache der Verzweiflung: Es sind die Schuldgefühle, weil man versagt hat, den Auftrag zu erfüllen. Es ist nicht der Verlust eines geliebten Menschen – der macht traurig, aber nicht verzweifelt.

Der Opfer/Täter-Diskurs ist die Ursache dafür, dass Menschen wie Adolf Hitler Raum und Macht erhalten, um Sündenböcke zu benennen, sie zu vernichten, um Millionen und Abermillionen Unterstützer zu finden. Denn die Unterstützer, die Ja-Sager sind es, die Macht zuteilen.

Warum hast du uns verlassen?
Diego hat seine Mutter verlassen, weil er ihren Krieg gegen ihn, gegen sein wahres Ich, nicht mehr ausgehalten hat, weil er nicht mehr wehrlos sein wollte, weil er ein Mann

sein wollte, ein Mann, den Frauen begehren, ein Mann, der Frauen begehrt. Er hat die Mutter nicht zuletzt verlassen, um sie vor seinen Aggressionen zu schützen, die ihm als schädlich gespiegelt wurden. Er hat sie verlassen, weil er diesen Spiegel, der ihn einer Schuld bezichtigt, nicht mehr ertragen konnte. Und weil niemand seine Unschuld und das Unrecht, das ihm angetan wurde, bestätigt hat. Niemand. In seiner Rolle bestätigt wurde hingegen das Opfer, und das werden Opfer auch heute noch. Oder kennt jemand von uns einen Diskurs, der die aufopfernde Mutterliebe anzweifelt?

Wie können wir unseren Alltag weiterleben?
Der Sohn ist, das entnehmen wir dieser Frage, für die Mutter ein unentbehrliches Selbstobjekt. Diese Funktion ist für ihn unausweichlich. Die Mutter braucht Diego, um ihr Ich zu konstituieren, sie braucht ihn, um Ich sein zu können, um leben zu können. Und das ist ein klarer Missbrauch. Mit dieser Frage wirft sie ihrem Sohn vor, sozusagen ihr Leben versaut zu haben. Weiterzuleben ist für sie aber letztlich nur möglich, wenn sie die Verantwortung für ihren Missbrauch übernimmt. Stattdessen versuchte sie sich als Beraterin für Schulen und andere Mütter einen Namen zu machen, die weiss, wie Radikalisierungssymptome frühzeitig erkannt werden können. In dieser Rolle hat sie es sogar zu einer gewissen Berühmtheit gebracht. Dabei werden sowohl sie als auch ihr getöteter Sohn als unschuldige Opfer des kriegstreibenden IS verortet. Sie lässt sich und ihren toten Sohn zu *einer* Identität verschmelzen, und in dieser gemeinsamen Symbiose stabilisiert sie sich über ihre Opferidentität.

Diegos Mutter bedient sich des gängigen Diskurses, hat Erfolg damit, und die Opferrolle erlaubt ihr, den selbst verübten Missbrauch ihres Sohnes zu verdecken. Sie kann ihren Hass nun auf den IS projizieren, und alle können und werden mit ihr übereinstimmen, ohne sich je selber Fragen stellen zu müssen. Denn alle sind sich darin einig, wer die Bösen und wer die Guten sind. Diese fraglose Einigkeit ist verheerend, bedeutet sie je nachdem doch, Krieg legitim führen zu dürfen oder, wie Heinrich Himmler sagte, Krieg führen zu müssen.

Wie kann ich wissen, ob du wirklich wusstest, wie sehr ich dich liebte?
An einer Stelle im Video sagt die Mutter, dass Diego gar nicht gewusst haben konnte, wie sehr sie ihn liebte, weil er ja keine Mutter sei. Die Ansicht, dass nur Mütter wissen, was Liebe ist, und dass Mutterliebe unantastbar, ja heilig, unschuldig und erhaben ist, entspricht einer Idealisierung, die sich erstaunlicherweise seit Jahrhunderten hält und nicht umzustossen ist. Doch diese Mutterliebe entspricht eher einer Einverleibung, entspricht einem Ich, das um ein Du, um den Sohn, erweitert ist. Und dieser Sohn – Diego oder Adolf oder Anders oder Heinrich – sucht sich seinen eigenen Raum woanders. Diese Söhne werden sich den Raum, in dem sie sich selber sein können, ihrer Spiegelung entsprechend auf kriegerische und vernichtende Weise aneignen.
Obwohl der Krieg den Männern zugeschrieben wird, können wir uns durchaus fragen, inwieweit sie hier den Hass anderer ausagieren. Ob es Frauen gibt, die ihre Ehemänner zu Vollstreckern ihres Hasses machen. Oder Mütter ihre Söhne.

Wie kann ich leben mit diesen Erinnerungen?
Auch für die Erinnerungen seiner Mutter ist Diego verantwortlich – über seinen Tod hinaus. Er hat diese sauber und rein zu halten, gereinigt von seinem Ich. Wenn wir sehen, wie er, obwohl er schon tot ist, immer noch in die Verantwortung für seine Mutter gezogen wird, wie stark musste das zu seinen Lebzeiten der Fall gewesen sein? Und keiner hat ihn davon erlöst, weil das Opfer die mächtigste Position ist. Warum spricht hier niemand von Hass? Die Opferposition ist der Ort, an dem Hass übertragen wird.

Was hat das alles mit Gott zu tun?
Zuletzt bemüht Diegos Mutter noch Gott. Wie stellt sie sich ihren Gott vor? Einer, der so von Liebe überquillt wie sie? Der sich nicht vorstellen kann, wie sehr eine Mutter liebt, weil er selber keine ist?

Wer Druck aufsetzt, ist nie im Recht

Wenn wir unserer Aggressionen im Dienste des Ich beraubt sind, fühlen wir uns ohnmächtig, und vor dieser Ohnmacht haben wir Angst. Eigentlich ist es eine Angst vor der Angst. Vor der Angst, dass wir in einen Zustand der Macht- und Wehrlosigkeit geraten, dass wir mehr oder weniger gelähmt sind, dass wir an der Welt nicht mehr gestalterisch teilhaben können und keine Möglichkeiten mehr haben, uns in Beziehungen einzubringen, in ihnen zu bestehen, uns auf sie zu verlassen. Die Opferposition ist, wie ich aufgezeigt habe, das gängigste Mittel, um Kindern und Erwachsenen die konstruktiven Aggressionen zu entreissen. Das Etablieren einer Schuld bedeutet einen Bruch

der Beziehung und setzt den Schuldigen unter einen enormen Handlungsdruck. Er muss seine Schuld abtragen und den Erwartungen des Opfers so genügen, dass es glücklich und zufrieden sein kann. Dies alles, damit er wieder in die Beziehung aufgenommen und schuldfrei wird.
Eine Beziehung, die diesen Namen verdient, ist immer intersubjektiv, das heisst eine Bindung zweier Menschen, die sich in ihrer Differenz anerkennen und so Gleichwertigkeit herstellen. Demgegenüber ist eine Beziehung, die ein Opfer anbietet, keine Beziehung. Ihre Struktur besteht aus der Nichtanerkennung der Differenz. Jemandem eine Schuld aufzuladen heisst, die Gleichwertigkeit aus der Beziehung zu brechen. Das Ich in der Opferrolle wird nur dann glücklich sein, wenn es die Kontrolle, die Macht über den anderen Menschen hat, sodass er nie mehr eigenständige Absichten haben und schon gar nicht auf die Idee kommen wird, das Opfer zu verlassen.

Unter Druck zu stehen bedeutet immer, dass Teile des Ich abgespalten werden müssen, um dem Gegenüber Genüge tun zu können. Druck auszuüben ist stets eine Form von Gewalt, und diese Gewalt nehmen wir jeweils körperlich und seelisch wahr.

Von der Verleugnung der Schuld und der Abwehr der Schuldgefühle

Bemerkenswert an den Verhörprotokollen von Anders Breivik und auch an der Chat-Auseinandersetzung zwischen Diego und seiner Mutter ist, dass beide zwar die Verantwortung für ihre Taten übernahmen, gleichzeitig aber eine Schuld abstritten. Die Gerichte sprechen in solchen

Fällen von Schuldunfähigkeit, muss doch der Täter etwa gemäss dem Schweizer Strafgesetzbuch in der Lage sein, »das Unrecht seiner Tat einzusehen oder gemäss dieser Einsicht zu handeln«. »Ich erkenne die Taten an, aber nicht die Schuld«, zitierte ›Die Presse‹ in ihrer Berichterstattung zu seinem Prozess den Attentäter Anders Breivik. Er beteuerte, er habe in Notwehr gehandelt und sich gegen die Einwanderungspolitik des Staates gewehrt, gegen den Multikulturalismus, die Balkanisierung Norwegens und gegen die Islamisierung Europas (www.diepresse.com/749559/breivik-ich-erkenne-die-taten-an-aber-nicht-die-schuld).

In dieser Argumentation unterscheidet sich Breivik nicht von Adolf Hitler und anderen Kriegstreibern: Es war Notwehr, unsere Vernichter müssen vernichtet werden. So wird die brutale Tat legitimiert und die Schuld geschickt ausgeklammert. Ich habe mich gefragt, welche psychische Struktur diesem hartnäckigen Beharren auf Unschuld unterliegt. Warum wollen diese Massenmörder auch nach dem Eingeständnis ihrer grausamen Taten ihre Hände in Unschuld waschen? Für sie scheint ein prinzipieller Unterschied zwischen Eigenverantwortung und Schuld wichtig zu sein.

Wir sind uns alle einig, dass Breiviks Tat unverzeihlich ist. In diesem Zusammenhang ein Vorschlag zur Güte: Befreien wir uns einmal aus dem Diskurs der Schuldigsprechung (mit dem wir unsere eigene moralische Intaktheit beweisen), befreien wir uns vom ganzen Kriegsvokabular und versuchen wir, andere Seiten auszuleuchten, um die Antriebe zu erkennen, die zu einer Tat führen, für die der Täter zwar die Verantwortung, nicht aber die Schuld übernimmt. Denn nur mit diesem anderen Blick ist Veränderung möglich, denn auch wir müssen uns verändern, weil wir ebenfalls Gefangene dieses Diskurses sind.

Übersetze ich die grosse Geschichte des Amoklaufs in die Kindheitsgeschichte Breiviks, dann beginne ich zu verstehen, warum er die Verantwortung für seine Tat, nicht jedoch seine Schuld eingestand. Sein Verteidiger verfolgte die Strategie, seinen Mandanten als geistesgestört und über diesen Weg als schuldunfähig zu erklären. Breivik selbst sah sich jedoch als »politischer Aktivist«, der zum Notrecht gegriffen hat, um »einen Bürgerkrieg zu verhindern«, und er bestritt wiederholt, geistesgestört zu sein, was er als »ein schlimmeres Schicksal« als den Tod bezeichnete. Also betrachtete er sich selber als schuldfähig. Er sagte einmal von sich, er sei verloren und würde sterben, wenn er eine Schuld eingestände. Diese Aussage weist Parallelen zur Aussage von Himmler auf: »Von euch werden die meisten wissen, was es heisst, wenn 100 Leichen beisammen liegen, wenn 500 daliegen und wenn 1000 daliegen. Dies durchgehalten zu haben, und dabei – abgesehen von Ausnahmen menschlicher Schwächen – anständig geblieben zu sein, das hat uns hart gemacht«. Hart bleiben heisst auch hier ohne Schuld zu sein.

Wir wissen, dass Anders Breivik seit seiner Geburt von der Mutter als Monster gespiegelt wurde, folglich keinen anderen inneren Ausweg hatte, als sich als Monster und damit schuldig zu fühlen. Seine in diesem Fall grundsätzliche Unschuld scheint von niemandem bestätigt worden zu sein – der Vater war abwesend, er und die Mutter hatten sich getrennt, als Anders ein Jahr alt war. Diese Unschuld suchte Anders. Dafür hat er getötet. Er hat getötet, um ein ›reines‹ Land einzurichten, er hat seine Schuld aus sich heraus getötet und sie denjenigen überantwortet, die ihn – sein Land – vernichten wollten. Er tötete seine Vernichter, die genau so unschuldig waren wie vormals er. Er schützte und verteidigte das reine und unschuldige Land beziehungsweise – im Kleinformat – sich selber. So war auch dieser Krieg, wie jeder, ein Stellvertreterkrieg.

Anders Breivik konnte nicht anders, als zu töten, so wurde er von seiner Mutter gespiegelt. Seine konstruktiven Aggressionen seien destruktiv – das war der Grundduktus seines Aufwachsens. Seine Taten würden destruktiv sein, lautete die Prophezeiung – das sind sie geworden. Ohne eine Bestätigung seiner Unschuld geht das Kind Anders davon aus, dass es schuldig und böse ist. So wird Breivik sein ganzes Leben lang für seine Unschuld kämpfen und nie eine Schuld eingestehen, denn damit wäre er vernichtet. Vernichtet in seinem Aufbegehren gegen den Druck dieser Schuld, vernichtet, weil er nun doch der Vernichter seiner Mutter wäre und sie recht behalten hätte mit ihrer Behauptung, dass er ein Monster sei. Ein Mörder. Ihr Mörder. Eine Schuld einzugestehen hätte für Anders Breivik geheissen, dem Spiegel seiner Mutter recht zu geben. Dieser Spiegelung, gegen die er seit seiner Kindheit kämpft. Er kämpft für eine frühe und kindliche Unschuld, die ihm verwehrt wurde. Es ist ein aussichtsloser Kampf, weil ihm der Versuch, sich zu wehren, gemäss der destruktiven Spiegelung der Mutter weitere Schuld auflädt.

Und dann ermordete er vor allem Jugendliche, die sich austobten, das Leben auskosteten, Party machten und sich in einer grossen Gemeinschaft aufgehoben und wirksam fühlten, Jugendliche, die vermutlich keine Einsamkeit kannten. Diese Jugendlichen mussten genauso ermordet werden wie er. Seine eigentlichen und von ihm postulierten Feinde sind aber andere: Anders Breivik wehrt sich gegen die Einwanderung, gegen die Islamisierung und gegen den Multikulturalismus – so seine Worte. In der Identifikation mit der Destruktion jedoch ermordete er in den Jugendlichen auf der Insel Utøya auch sich selber – womit seine grausame Tat als ausgelagerter Selbstmord zu lesen ist.

Bestrafen, wie er bestraft worden war, wollte er diese Jugendlichen, weil sie anscheinend keine Schuldgefühle hatten, sich keiner Schuld bewusst waren bei der Ausdehnung ihres Ich. Auch sie sollten verzweifeln, auch sie sollten die totale Ohnmacht kennenlernen, das Ausgeliefertsein an einen Mann in Polizeiuniform, der Schutz und Sicherheit verheisst, genauso wie eine Mutter das verheissen würde, die eigentlich Schutz bieten und sich einsetzen sollte für das Wachstum, die Lebensfreude und das Vergnügen ihres Kindes. Genau dieses Vertrauen hatte der kleine Anders in die Mutter, musste aber – da ihm niemand zu Hilfe kam – letztlich annehmen, dass sie mit ihrer Spiegelung vermutlich recht hatte und er Täter an ihr, schuldig an ihr war.

Diese Schuld suchte Anders Breivik ein Leben lang in Unschuld zu verwandeln, einmal nur sollte ihm einer helfen bei diesem Bemühen, einmal nur sollte ihn jemand verstehen und in Schutz nehmen, so wie Mütter und auch die Väter das eigentlich tun. Diese Geste, diese Zuwendung und Zuneigung kennt Anders Breivik nicht. Was er kennt, ist die Abwendung, die Abneigung und die Ablehnung. Das war sein tägliches Erlebnis, wenn er in den Spiegel schaute. Nun, die Mutter konnte er nicht töten, weil sie ein Opfer ist, sein Opfer. Vielleicht wollte er sie ja umbringen? Denn damit wäre seine Schuld gelöscht gewesen: ohne Opfer und ohne Spiegel keine Schuld. Da Anders jedoch nicht die Mutter töten, nicht seine eigentliche Vernichterin vernichten wollte – es war ihm wohl gar nicht möglich, diese Beziehung bewusst zu reflektieren –, wich er aus und ermordete diejenigen, zu denen auch er hätte gehören können. Damit konfrontierte er die Jugendlichen auf der Insel Utøya mit seinem eigenen Schicksal, nämlich in seinem jugendlichen Tatendrang, seinem Drang nach Leben und Gemeinschaft und Zukunft vernichtet zu werden. Anders Breivik ist also vollständig identifiziert mit der Projektion seiner Mutter: Er ist böse, er ist ein Mörder. So tötete er den Jugendlichen in sich. Er brachte seinesgleichen um, wie seine Mutter ihn umgebracht hatte, ihn um sein Leben gebracht hatte mit ihrem Hass auf ihn.

> Um seine Mutter zu töten, hätte Anders Breivik eine gewisse Eigenständigkeit gebraucht, eine gewisse Fähigkeit, sich ausserhalb der Symbiose mit ihr zu fühlen. Denn in einem symbiotischen Verhältnis den anderen umzubringen bedeutet, sich selber umzubringen. Aus diesem Grunde ist ein Selbstmord immer auch ein Mord am anderen Teil der Symbiose.

Auf einen kurzen Nenner gebracht: Das einem Kind suggerierte Gefühl, der Mutter zu schaden, an ihr schuldig zu sein, ist ein Beziehungskitt. Die Schuld klebt diese Beziehung zusammen, es ist keine Ablösung möglich, weil das Bemühen um Eigenständigkeit die Schuld nur vergrössert und diese pervertierte Art der Beziehung noch stärker verklebt. Der einzige ›Ausweg‹ ist, die Schuld auszulagern und anderen – sprich: einem Sündenbock – zu überantworten. Denn der symbiotischen Verstrickung mit der Mutter zu entkommen, ist ohne Hilfe nicht möglich. Es braucht einen Dritten, der einen Ausweg anbahnt, um dem Bild des vorgehaltenen Spiegels zu entrinnen.

Adolf Hitler stellte die Fotografie seiner Mutter überall auf, wo er war, in allen seinen wechselnden Schlaf- und Wohnräumen. Genauso wenig von der Mutter abgelöst war Anders Breivik. Dieses symbiotische Verhältnis mit ihren Müttern war der Grund, warum beide ihre Mutterbeziehung nicht reflektieren und ihr nicht entkommen konnten, um ihre Schuld löschen zu können und so ihre Unschuld wiederherzustellen. Stattdessen mussten sie Unschuldige ermorden, genauso wie sie unschuldig vernichtet worden waren.

Der unschuldige Sündenbock

Allen Sündenböcken ist etwas gemein: Sie haben nichts mit dem zu tun, was auf sie projiziert wird, sie alle sind unschuldig. Sie werden mit Schuld beladen und dann vernichtet, damit die Schuld vernichtet ist, damit diese Schuld nicht die Projizierenden vernichtet. Ob es sich bei den Sündenböcken um Hexen handelt oder um Juden, um norwegische Jugendliche oder Andersgläubige – jede Zeit hat ihren eigenen Sündenbock – das Paradigma bleibt dasselbe: Sie werden für irgendeine Schuld vernichtet, die nichts mit ihnen zu tun hat, in keinerlei Zusammenhang mit ihnen steht. Eine Bedingung müssen sie alle erfüllen: Sie müssen wehrlose Opfer sein, dem Täter ausgeliefert wie in der Selbstinszenierung der Mutter. Ein Kampf ist so von vornherein ausgeschlossen, die Täter sind und bleiben die Mächtigen, die Übermächtigen. Verlieren sie diese Position, werden sie zu Ohnmächtigen. Um davor bewahrt zu sein, ist es unumgänglich, stets die anderen in Ohnmacht zu versetzen. Eine Alternative kennen die Täter nicht, sie kennen nur das Entweder/oder.

Statt mit den Jugendlichen in diesem Zeltlager zu sein und sich entfalten zu können, wird Anders Breivik sie töten. So wie er, sein Ich, getötet wurde, so wie sein Drang nach Lebendigkeit und die Entfaltung seines Ich mit Schuld behaftet und damit vernichtet wurden. In Gemeinschaft, in Beziehung kennt er keine andere Selbsterfahrung, als Täter zu sein. Er hasst diese Jugendlichen, die sich vergnügen und des Lebens erfreuen, so wie ihn seine Mutter gehasst hat und ihm das Vergnügen, die Lebensfreude genommen hat, indem sie ihm genau diese Energie als destruktiv und schädigend gespiegelt hat. Es ist derselbe Hass.

Nur bleibt die Mutter schuldlos. Ihr Hass, mit dem sie den eigenen Sohn als ihren Täter gebrandmarkt und damit seine Lust auf das Leben als Schuld an ihr festgemacht hat, bleibt verborgen und wird vertuscht. Es gilt, genau hinzusehen: Die konstruktiven Aggressionen eines Kindes so ins Bösartige zu verzerren und als vernichtend darzustellen, das ist Hass und das ist Mord. Sie vernichtet aus Boshaftigkeit all das, was ein Kind von Geburt an mitbringt, um ein erfüllendes Leben zu führen: Die Lust und die Wehrhaftigkeit, sich für sich selber einsetzen zu dürfen, gestalterisch an der Welt teilzuhaben, eine Frau zu erobern, Sexualität zu leben. Um dieser Vernichtung zu entfliehen, ging Diego weit weg von der Mutter in eine Gemeinschaft, die ihm genau das versprach. Und entfloh damit einer Mutter, die ihn unter Kontrolle halten, ihn an sich fesseln wollte bis hin zur Kastration seiner Lebensenergie, die sich in seiner Depression und dem Selbstmordversuch manifestierte.

Für diese Form der Tötung, die Vernichtung des Kindes durch die Mutter, kennt die Gesellschaft weder eine Anklage noch einen Schutz für die Betroffenen. Diese Tat wird nicht bestraft, dieser Hass wird nicht aufgedeckt, diese Person wird nicht zur Rechenschaft gezogen.

Die Angst vor der Schuld bestimmt unseren Arbeits- und Beziehungsalltag, wobei das Opfer, das eine Angst vor Vernichtung reklamiert und damit seine Taten und Nichttaten legitimiert, (fast) immer recht bekommt. Würde die vernichtende Absicht dahinter aufgedeckt werden, würde seine Macht zerfallen. Die Mutter hätte keine Kontrolle mehr über ihren Sohn und müsste ihn in seine Autonomie, in seine Differenz zu ihr entlassen. Ihr Machtanspruch wäre hinfällig. So würde eine Demokratie aussehen, die ihren Namen verdiente, eine Demokratie, in der Machtanspruch eine psychiatrische Diagnose wäre.

Hass ist zuerst eine Selbstvernichtungsanlage

Die destruktive Spiegelung der Aggressionen im Dienste des Ich bewirkt, dass unsere Wehrhaftigkeit, unsere Auseinandersetzungs- und Konfliktbereitschaft, unser Begehren nach der Differenz und nach dem Differentsein begleitet ist von Schuld und der Angst vor dieser Schuld, aber auch der Angst, bestraft zu werden. Die Strafe besteht oftmals im Ausschluss, Ausschluss aus Gruppen, Ausschluss aus Beziehungen. Freundschaften werden aufgegeben, Stellen gekündigt, Menschen gemobbt, diffamiert oder stigmatisiert, weil Differenz und Heterogenität unerwünscht sind, da sie nicht mehr kontrollierbar sind. Eigenständige Menschen lassen sich nicht mehr unterwerfen.

Um der Gefahr des Ausschlusses zuvorzukommen, wird die destruktiv gespiegelte Aggression im Dienste des Ich zurückgehalten. Und weil wir uns, in Unkenntnis einer Alternative, mit dieser Spiegelung identifizieren, beginnen wir destruktiv zu handeln. Zuerst gegen uns selber, dann gegenüber anderen. Die unterdrückte konstruktive Energie wird uns selber zur Säure, zu einer Art Selbstvernichtungsanlage. Wer kennt sie nicht, die Selbstvorwürfe, die Angriffe gegen das das eigene Ich, die bis zur Selbstverachtung gehen können?

Wer kennt nicht die Mechanismen, die man nutzt, um einer möglichen Schuld zuvorzukommen, sie abzuwehren? Wer ist im persönlichen und auch beruflichen Umfeld nicht darauf bedacht, möglichen Vorwürfen wegen Fehlverhaltens oder wegen Fehlern vorzubeugen? Eine Haltung einzunehmen, der bereits die Abwehr einer möglichen Schuld inhärent ist?

Neue Bündnisse bei der Abwehr von Schuld

»Selber schuld.«
»Der andere ist schuld.«
»Ich weiss von nichts.«
»Ich meine es ja nur gut.«
»Es ist zu eurem Schutz.«

Solche Aussagen zeugen von unserem alltäglichen Jonglieren mit Schuld und mit möglichen Schuldzuweisungen.

Die Abwehr der Schuld dient dazu, den Ausschluss aus Beziehung und Gemeinschaft zu verhindern. Dabei kann sich eine kollektive Schuldabwehr entwickeln, die neue Gemeinschaften zu bilden vermag: Schuld sind die Ungläubigen und es entsteht der Islamische Staat, schuld sind die Juden und es entsteht das Bündnis der arischen Herrenrasse. Man kann sich bestehenden Gemeinschaften anschliessen oder selber eine gründen wie Hitler, der mit der Benennung eines Sündenbocks eine Massenbewegung auslöste. Viele wollten damals ihre Schuld loswerden, fast alle deutschen Stimmberechtigten. Viele wollten sich ihres Hasses entledigen, viele wollten ihre Aggressionen im Dienste des Ich von der destruktiven Spiegelung befreien, viele wollten ihre Unschuld bestätigt wissen.

Auch die Begeisterung, mit der die Männer in den Ersten Weltkrieg zogen, kann ich mir nicht anders erklären, als dass sie den Kampf als Herausforderung sahen, als Entfesselung der zurückgehaltenen Kräfte, als Manifestation von Potenz, um dann im Krieg die brutale Vernichtung hautnah zu erleben. Es war eine Wiederholung ihrer kleinen Geschichte, in der sie erfahren hatten, dass die Expansion der konstruktiven Aggressionen im Dienste des Ich mit Vernichtung einhergeht, mit der Vernichtung der anderen und mit der Vernichtung oder zumindest der Gefährdung von sich selber.

Die Gefangenschaft im Spiegel

Ein Kind, das von der Projektion, ein Schuldiger, ein Täter zu sein, betroffen ist, identifiziert sich mit dieser Projektion und wird selber zum Hassenden. So war es ausschliesslich der Hass der Mutter, der Anders Breivik zum monströsen Täter machte, als den sie ihn bereits als kleines Kind gespiegelt hatte. Er wurde zum Träger ihres Hasses, den er bei seinem Amoklauf ausagierte. In der Identifikation mit der Mutter und ihrer Projektion wird er zuerst sich selber gehasst haben. Er wird sich als böswilliges Kind empfunden haben, als ein Kind, das die Mutter hasst und ihr Schaden zufügt. Mangels einer weiteren Person war er mit sich alleine, hatte nur sich selbst, und weil er mit der Mutter eine hassende Beziehung erfahren hat, wird er sich selber ebenfalls hassen. Er hasst sich, weil er gemäss der Spiegelung hassenswert ist, und er hasst sich, weil seine sich ständig regenden konstruktiven Aggressionen nur als schädlich gespiegelt wurden.

Anders Breivik kennt nichts anderes. Vermutlich hat ihn die Mutter stets von der Welt ferngehalten, in symbiotischer Vereinnahmung für sich beansprucht. Aus dieser Umklammerung wäre er so gerne entflohen, aber er hat niemanden gefunden, der ihm einen Ausweg ermöglichte. Diego jedoch hat diesen Ausweg gefunden, ebenso Hitler. Sie fanden oder schufen sich Gemeinschaften, die ihnen ermöglichten, ihren Hass legitim zu agieren, ohne bestraft zu werden. Im Gegenteil, sie wurden für ihre Gemeinschaften zu Helden. Nicht so Anders Breivik, er wurde für seine grausame Tat bestraft. Vielleicht feierte ihn eine heimliche, uns unbekannte Gruppe als Helden, vielleicht sieht er sich selber als einen. Dennoch müssen wir davon ausgehen, dass er sich zeitlebens hassen wird. So tradiert er seine Geschichte, er bleibt hassenswert. Wollen wir dieser Tradierung einen Riegel schieben, ist es unumgänglich, die Ursachen und Mechanismen dahinter aufzudecken und zu verstehen, damit wir unsere Verantwortung übernehmen und diese Mechanismen in uns selber verändern können. Damit wir nicht einstimmen in den Kanon des Hasses gegen die Gehassten, um nun mit der Ausgrenzung der Bösen *unsere* Gemeinschaft der Guten bilden zu können.

Wenn jegliche Regung einer konstruktiven Aggression unmittelbar in eine destruktive umgewandelt wird und aus dem Gefängnis dieses Spiegels keine Flucht möglich ist, stellt sich Ohnmacht ein, eine komplette Ohnmacht. Die einzige Möglichkeit, dieser Lähmung zu entrinnen, ist die Rückgewinnung der destruktiv gespiegelten Energie, die nunmehr nur noch zerstörerisch wirken kann.

> In der Unmöglichkeit, der Destruktion zu entfliehen, werden wir zum Ziel, zu Betroffenen unseres eigenen Hasses.

Um uns vor unserem Selbsthass zu schützen und das eigene Wohlbefinden wiederherstellen und regulieren zu können, ersetzen wir uns selbst als von Hass Betroffene mit einem Sündenbock, der an unserer Stelle alle Schuld zu tragen hat. Nicht weil er schuldig ist, sondern weil ihm von uns, von vielen die Schuld überlastet wurde. Denn wir, die vielen, möchten nicht mehr selber Sündenböcke sein, möchten nicht mehr verantwortlich sein für das Wohlbefinden von Müttern und Vätern, denen wir, weil wir für sie doch nur schädlich sind, immer etwas schuldig bleiben.

Es ist genau diese Schuld, die Anders Breivik, Diego, Heinrich Himmler und Adolf Hitler gnadenlos abwehrten. Diese Schuld, die sie als Sündenbock aufgebürdet bekamen, war nicht die ihre. Bevor sie herausgefunden haben, dass sie ihr eigenes Dasein als Sündenbock auslagern können, um sich davon zu befreien, waren sie die Sündenböcke: schuld an der Verzweiflung der Mutter, schuld an ihrem Leiden, an ihrem miserablen Leben, schuld an den Einsamkeitsgefühlen der Mutter, wenn sie von ihnen, ihrem Sohn, verlassen wird, schuld, die Funktion des liebe- und verantwortungsvollen Ehemannes nicht übernommen zu haben. Es ist ja auch nicht der Auftrag der Söhne, die Eltern glücklich zu machen. Und dennoch versuchten diese Söhne, ihren Müttern eine bessere Welt zu verschaffen, eine Welt, in der es nur liebe arische Kinder, Ehemänner und Ehefrauen gibt, die das Töten im Krieg und das Blutbad an den Juden aus dieser Welt abspalteten, eine Welt, in der ungestüme, lebenslustige Jugendliche ausgemerzt werden, eine Welt, in der die Mütter stolz auf ihre Söhne sein könnten.

Die Macht der Mütter – die sie nicht zuletzt durch die (emotionale) Abwesenheit der Väter gewinnen – bleibt bestehen und unangetastet.

Das Opfer/Täter-Muster wird über den Sündenbock tradiert

Jeder Kriegstreiber bedient sich des Sündenbock-Vokabulars. Gemäss dem hier beschriebenen Mechanismus würde das bedeuten, dass jeder Kriegstreiber auch selber ein Sündenbock ist. Davon gehe ich aus, und zwar nicht, um seine Taten zu entschuldigen, sondern um den Blick für die Wiederholung der ewig gleichen Geschichte zu schärfen, in der das eigene Dasein als Sündenbock in die nächste Generation und auf die grosse Geschichte übertragen wird, und das auf die immer gleiche vernichtende Weise. So vermeiden wir, den Hasser zu hassen, den Vernichter zu vernichten und damit Teil dieses mörderischen Diskurses zu werden. Denn es gibt nicht nur jenen Sündenbock, auf den sich alle einigen wie etwa im Nationalsozialismus, sondern jeder Mensch, dem wir eine Schuld aufbürden, ist einer. Wir bürden ihm die Schuld auf, schicken ihn aber nicht in die Wüste und vernichten ihn auch nicht physisch, sondern zerstören ihn vielmehr, indem wir ihn aus Beziehungen, aus der gleichwertigen Beziehung und aus Gemeinschaft ausgrenzen und ihn in einem Machtgefälle unter uns verorten. Auch das ist Vernichtung.

Wenn Anders Breivik die Schuld für seine Taten nicht übernimmt, die Verantwortung hingegen schon, dann verweigert er sich seiner eigenen Sündenbockrolle: Er weigert sich, weiterhin die Schuld zu tragen, mit der er aufwachsen musste. Und das zu Recht, denn diese Schuld hat jemand anders, der dafür nicht belangt werden kann. Eine Schuld tragen zu müssen, für die man nichts kann, macht ohnmächtig, macht Angst.

> Der Hass hilft, aus der Ohnmacht, aus dieser Lähmung herauszukommen, er ist in diesem Kontext das einzig wirksame Mittel. Die als destruktiv gespiegelte konstruktive Aggression kann nur auf zerstörerische Art ausgelebt werden. Diese Verdrehung der schöpferischen, gestalterischen Energie hin zur Zerstörung ist Hass.

Der Sündenbock dient dazu, diesen Hass auszuleben. Denn gegen die Personen, die eigentlich die Adressaten wären – in unseren Beispielen die Mütter – kann er nicht gerichtet werden, weil die Schuldgefühle sonst ins Unermessliche wachsen würden. Nicht zuletzt kann der Hass nicht an den Müttern ausagiert werden, weil mit ihnen eine symbiotische Verschmelzung besteht, die einer Selbsttötung gleichkäme. In jenen Fällen von Sündenbockmorden, in denen die Mütter mit umgebracht werden, töten sich die Täter anschliessend meist auch selber. Um der Schuld des Sündenbocks zu entgehen, nicht der Verantwortung. Die Schuld zu übernehmen, wäre das Eingeständnis, ein Monster zu sein, böse zu sein, ein Teufel zu sein, sprich: der als Kind und Jugendlicher erfahrenen Spiegelung zu entsprechen.

Der Sündenbock muss wehrlos sein

Als Sündenböcke werden Menschen gewählt, die wehrlos sind wie Kinder oder die wehrlos gemacht werden, indem ihnen jeglicher Ausweg versperrt wird. Sie werden in die vollständige Machtlosigkeit, die absolute Ohnmacht gedrängt. Das Hitler-Regime liess vor allem wohlhabenden Juden zu Beginn einen kleinen Spalt zur Flucht offen, während es das Vermögen dieser Menschen konfiszierte. Später gab es diese Auswege nicht mehr, und auch Verstecke waren selten sicher. Die Juden waren ihren Mördern wehrlos ausgeliefert. Auch die Jugendlichen auf der Insel Utøya waren dem Kugelhagel des Amokläufers Anders Breivik unausweichlich ausgeliefert. Die Macht der Massenmörder baut auf der Wehrlosigkeit der anderen auf. Ohne diese Wehrlosigkeit wären auch sie wehrlos. Sie wehren ihre eigene Wehrlosigkeit ab, indem sie die Macht über andere wehrlose Menschen übernehmen. Sie gehen keinen gleichwertigen Kampf ein, denn dabei wären sie verloren. Die Allmacht ist die Abwehr der Ohnmacht.

Zu Sündenböcken gestempelte Menschen sind den Tätern schutzlos ausgeliefert, schutzlos wie die Täter es einst selber waren. Diego kämpfte in einem Krieg und legitimierte das Töten damit, dass er für die Wehrlosen sein Leben einsetzte. Das taten auch Breivik und Hitler: Sie wollten das Volk vor den ›falschen‹ Menschen schützen, die ihre Rasse bedrohten, in den reinen Volkskörper eindrangen wie ein Virus, um es mit den Worten von Hitler auszudrücken. Auch sie selber waren einst als Virus, der in das mütterliche Leben eindrang, gespiegelt worden, aber ebenso wurde in ihren eigenen Körper eingedrungen, um dort Schuld zu hinterlassen und abzulagern.

> Für mütterliche Missbräuche gibt es andere Bilder als für die väterlichen. Die ›Penetration‹ erfolgt nicht genital, sondern im ganzen Körper.

Das hochgerechnete Ich ergibt das Volk. Der Volkskörper – ein häufiges Wort im nationalsozialistischen Vokabular – ist eine symbiotische Vergrösserung des Ich, eine Vergrösserung der Symbiose mit den Müttern. Damit steht das Volk auch für die Mutter. So sind nun alle Angehörigen dieses Volkes inklusive der Mutter Opfer und müssen geschützt werden vor Eindringlingen, vor Tätern, wie Hitler und Breivik selber sind. Sich auf die Seite des Opfers zu schlagen bedeutet, frei von Schuld und Täterschaft zu sein. Dazu müssen der Hass und die Schuld ausgelagert werden können, also all das, was – drehen wir das Rad zurück und befreien wir die Aggressionen im Dienste des Ich von ihrer zerstörerischen Spiegelung – den Menschen in seiner Eigenheit und Eigenart ausmacht.

Wir können uns immer einen Sündenbock beschaffen,

um solche Transaktionen durchzuführen. Damit lagern wir zwar die Destruktion aus und gewinnen eine gewisse innere Ruhe, doch die konstruktive Energie wird dadurch nicht freigelegt. Unser Leben dreht sich ausschliesslich darum, die Destruktion loszuwerden und nicht darum, Wachstum und Entwicklung, Neugierde und Begehren Raum zu geben.

Wir alle spielen immer wieder die Opferrolle aus. Es ist eine Art Notwehr, ein Weg, um unsere destruktiv gespiegelten konstruktiven Aggressionen weit weg von uns schieben zu können. Es gilt jedoch, für diese Handlungen Verantwortung zu übernehmen, Verantwortung für die Übertragung von Schuld und Täterschaft auf jemanden anderen, auf einen Sündenbock. Tun wir das nicht, tradieren wir den Hass. Übernehmen wir jedoch die Verantwortung für diesen Hass, dann gewinnen wir die Macht, dieses Muster in uns zu ändern und uns in den konstruktiven Aggressionen zu üben, in der Auseinandersetzung mit der Differenz. Dann müssen wir den Hass nicht mehr mit denselben Mitteln bekämpfen, mit denen er wirksam ist.

> Die kleine Geschichte wird zur grossen Geschichte. Das müssten wir bereits im Kleinen reflektieren, erkennen und verändern.

Würden die konstruktiven Aggressionen eine bestätigende, unterstützende Spiegelung erfahren, ergäbe sich ein ganz neues Narrativ: die Auseinandersetzung mit der Differenz, die Arbeit an der Differenz, die Arbeit an sich selber in der Differenz, die Arbeit an der Gestaltung der Welt. Arbeit nicht im Sinne des Malochens und Ächzens, sondern im Sinne einer permanenten Auseinandersetzung. So liessen sich unsere symbiotischen Sehn-Süchte entkleben und freilegen für Begehren und Neugierde.

Krieg ist immer ein Stellvertreterkrieg

Krieg ist das Vernichten eines Feindes, der als Sündenbock installiert und dem die eigene Vernichtungswut angehängt wird. Dann wird Krieg geführt, um den Vernichter zu vernichten. Verstrickt in unsere symbiotischen Strukturen, lagern wir die Verantwortung für den eigenen Hass aus, um uns selber reinzuwaschen. Wir binden einen Feind, einen Sündenbock in unsere aggressive Ordnung ein, nur um von der Schuld für diese Zerstörung und von der Zerstörung unserer Schuld entlastet zu sein. Wir brauchen also immer einen anderen, dem wir unsere eigentliche und eigene Verantwortung als Schuld überantworten können. Deshalb werden wir stets von einem Feind abhängig sein.

Die grosse Geschichte zeigt, dass wir in ständigen Kriegsvorbereitungen stecken, dass permanent aufgerüstet wird, um Krieg zu verhindern. Dass mit Aufrüsten Krieg verhindert werden soll, führt uns gleichzeitig vor Augen, dass es nie um Frieden geht. Es ist dies das Paradigma des ewigen Krieges. Es ist dies *unsere* Symbiose mit *unserem* Feind.

Von der Täter- in die Opferrolle

Hitler, Breivik und Diego töteten als Erwachsene. Ihre Morde dienten unter anderem der Löschung ihrer Schuld: Indem sie ihre Opfer ermordeten, fiel ihre Schuld weg. Ganz nach der Devise: Wenn ich den Spiegel zerschlage, spiegelt er mich nicht mehr. Dieses Muster gehörte auch zur Idee der Endlösung der Judenfrage: Es sollte keine Opfer mehr geben, keinen einzigen Spiegel mehr, der die Nazis als Täter zu spiegeln vermochte. Hitler und Breivik ermordeten *ihre* Opfer, wobei Hitler selber nie tötete, sondern ermorden liess. Alle waren ihnen ausgeliefert, so wie die Mutter ihnen ausgeliefert war, das Opfer ihres Sohnes, und so wie sie als Kinder und Jugendliche den destruktiven Spiegelungen ihrer Mutter ausgeliefert waren.

Mit der Übertragung ihrer Schuld auf einen Sündenbock ist es ihnen gelungen, die Seite zu wechseln und unschuldig zu werden, frei von einer Täterschaft. Sie konnten Macht und Potenz gewinnen und der Ohnmacht entkommen, zumindest zeitweise. Sie wechselten, in der Identifikation mit ihrer Mutter, in die Opferposition. Das Rezept für Hitlers Erfolg war, dem deutschen Volk einen Sündenbock zur Verfügung zu stellen, der den Menschen die Freilassung ihrer destruktiven Aggressionen ermöglichte, ohne dass sie schuldig wurden. Die ganze als destruktiv gespiegelte konstruktive Energie fand hier ihren ›Ausgang‹, wurde hier abgespalten, um die Ehe, die Familie, die arische Gemeinschaft davor zu bewahren. Die Opferposition ermöglichte die Reinwaschung von aller Schuld. Das meinte Reichsführer SS Heinrich Himmler, als er in seiner Rede sagte: »Wir sind anständig geblieben.«

> Eine Rassenideologie ist nichts anderes als die Abspaltung der eigenen Destruktivität, und die Opferposition ist nichts anderes als die Ablehnung einer Täterrolle, also einer Schuld.

Die drei Männer hatten als Kind keine Schuld. Die Beschuldigung ihrer Mutter, sie zu schädigen, ein Täter zu sein, war eine Hassprojektion. Es gab zu keiner Zeit eine reale Tat noch ein reales Opfer. Alles war eine reine Inszenierung, eine reine Projektion, der sie ausgeliefert waren und aus der sie keinen Ausweg fanden, weshalb sie sich nur damit identifizieren konnten. Wenn wir dieses Muster erkennen, können wir auch die vehemente, von Grausamkeit und Mitleidlosigkeit beherrschte Schuldabwehr von Hitler und Breivik besser einordnen.

> Der Opfer/Täter-Diskurs ist eine der wirksamsten und grauenvollsten Inszenierungen, um Machtverhältnisse einzuführen und das Gegenüber zu kastrieren, zu bekriegen, in die Knie zu zwingen und gleichzeitig unschuldig zu bleiben, weil offensichtlich keine gewalttätige Handlung vorliegt.

Die Vernichtung der Aggressionen im Dienste des Ich zeitigt Angst und Ohnmacht. Um aus dieser Ohnmacht herauszufinden, haben die Betroffenen keine andere Wahl, als Täter an einem anderen Menschen zu werden als jenem, der ihnen eine Schuld und Täterschaft spiegelt. Damit haben sie sich vollständig mit der Projektion identifiziert, die Projektion wird zu ihrer Identität. So gewinnen sie ihre Macht und Potenz zurück, die sie mit der destruktiven Spiegelung ihrer konstruktiven Aggressionen verloren haben. Manche ziehen in den Krieg und können dabei mithilfe des Sündenbockes die ihnen gespiegelte Täterschaft unschuldig ausüben. Der Krieg hat nur diese Funktion. Da liegt die Schlussfolgerung auf der Hand:

> Solange ein Staat ein Militärbudget aufweist, solange handelt er im Opfer/Schuld-Diskurs, stellt damit ein Machtgefälle her und verrät die Idee der Demokratie.

Die ›Lupe‹, die uns diesen ganzen Mechanismus bis aufs letzte Rädchen sehen lässt, ist die Abwehr der Schuld, die Überbürdung von Schuld auf einen Sündenbock. Diese Schuldabwehr führt uns zu den *wirklichen* Tätern. Sie werden bis heute als sogenannte ›Opfer‹ geschützt und ihre Täterschaft bleibt unentdeckt, weil es uns viel leichter fällt, einen Hasser zu hassen, als nach der Ursache des Hasses zu suchen. Es ist wie bei vielen Krankheiten: Wir fragen nicht nach ihren Ursachen, sondern behandeln die Symptome. So hat der Arzt seine Patienten, die Pharmaindustrie ihre Kunden, die Familie ihr schwaches Glied, und dem Symptomträger wird die Arbeit erspart, die er leisten müsste, um gesund und unabhängig zu werden.

Wer trägt die Schuld?

Aus einer Inszenierung, aus einer Projektion wird eine reale Handlung. Die gespiegelte Täterschaft wird an einem anderen Menschen als an der Mutter oder dem Vater realisiert. Hitler, Breivik und Diego führen die Handlungen aus, deren sie in ihrer Kindheit und Jugend beschuldigt wurden. Die drei Männer haben sich mit den Projektionen ihrer Mütter identifiziert und sind Täter geworden. Dass sie die Schuld für ihre Taten von sich weisen, ist nun besser zu verstehen. Letztlich agierten sie den Hass aus, den ein Opfer über Jahre hinweg auf sie projiziert hatte. Und dieser Projektion waren sie mangels eines seelischen Anwalts schutzlos ausgeliefert. Da war niemand weit und breit, der ihnen diese Schuld genommen hätte, sie in die Unschuld geführt und den tatsächlichen Schuldigen angeklagt hätte.

Zur Entschuldigung der Mütter, die mit solchen Spiegeln

operieren, kann man festhalten, dass auch sie mit solchen Projektionen aufgewachsen sind und sie einfach anders ausagieren als ihre Söhne, die etwa als Soldaten die Möglichkeit haben, in der Realität zu töten und zu vernichten. Über ihre Opferrolle – »Du bringst mich noch ins Grab mit deiner Frechheit.« – geben sie die ihnen überbürdete Schuld weiter an ihre Kinder. Diese Tradierungskette ist ein Teufelskreis. Jeder einzelne Erwachsene ist aufgefordert, sich mit seinen Projektionen auseinanderzusetzen, um sie letztlich aufzugeben und so die Kette zu durchbrechen. Die Gesellschaft wiederum ist dafür verantwortlich, die Idealisierung der Mütter zu hinterfragen und dagegen anzugehen.

Solange wir die Differenz anderer Menschen nicht anerkennen und als Grundlage in unseren Beziehungen leben, solange werden wir uns im Opfer/Täter-Diskurs bewegen, dessen Antrieb der Hass ist. Wir alle haben es in der Hand, diesen Diskurs zu wechseln. Die Veränderung dieser zerstörerischen Dynamik ist letztlich einfacher als jeder politische Kampf, weil wir nicht an der grossen Geschichte ansetzen müssen, was meist fruchtlos ist, sondern bei der kleinen Geschichte beginnen können, dort, wo wir es selber in der Hand haben, dort, wo wir den Hebel umdrehen können hin zur Anerkennung der anderen Menschen als different, als Nicht-Ich. Damit können wir gleichzeitig unsere Angst vor Ausschluss ausschliessen.

Wenn wir Angst vor unserem Hass bekommen

Menschen zu spalten, sie zu polarisieren, ist Teil jeder Kriegs- und Herrschaftsrhetorik. Ob es sich um eine Spaltung zwischen religiösen Gemeinschaften oder Ethnien handelt, zwischen Staaten, zwischen Mann und Frau, spielt keine Rolle. Die Auseinandersetzung in der Differenz, das Üben der Konfliktfähigkeit, indem jeder und jede seine Eigenständigkeit lebt, wird mit der Spaltung verhindert. So ist es nicht mehr möglich, sich mit der Differenz auseinanderzusetzen, sich daran zu reiben, daran zu wachsen, dabei zu begehren. Stattdessen wird die Differenz zum Anlass, sich zu verfeinden, sich zu bekämpfen und gegeneinander anzutreten im Kampf um den ersten Platz. Anerkennen wir hingegen den anderen Menschen in seiner Differenz, nehmen wir ihn als Nicht-Ich wahr und ernst, setzen wir uns mit ihm auf Augenhöhe auseinander, dann können wir lernen. Wir können uns verändern und heben dabei, ganz nebenbei, den Herrschaftsdiskurs auf.

> Das, was uns fremd, unbekannt ist, ordnen wir per se als bedrohlich ein. Folglich wissen wir, was zu tun ist: Wir müssen es bekämpfen. Die Kriegsrhetorik beruhigt uns – ob sie sinnvoll ist oder nicht, spielt keine Rolle. Dieses Aktions- beziehungsweise Reaktionsschema scheint Teil unserer DNA geworden zu sein.

Wir brauchen jedoch dringend eine Alternative zu dieser Denkschablone. Ich gehe davon aus, dass in den jahrtausendealten Machtstrukturen der Menschheit der Sinn für eine konstruktive Wehrhaftigkeit, die niemanden schädigt, abhandengekommen ist. Der Grund dafür ist die Erfahrung, dass diese Wehrhaftigkeit unerwünscht ist, dass sie zurückgewiesen und bestraft wird, weil sie die bestehenden Machtverhältnisse gefährden würde. Wir haben gelernt, uns mit der Anpassung abzufinden, uns in dieser Nische einzurichten, um der Gefahr von Ausschluss, Diffamierung und Stigmatisierung zu entgehen. Aus der Enge dieser Nische lässt der Blick aus dem Fenster die Welt als bedrohlich erscheinen. Aus der Enge der Anpassung ist die Perspektive auf die weite, heterogene Welt angstbesetzt. Mit zunehmendem Wohlstand kann die Nische gemütlich eingerichtet werden: Hier können wir unseren Alltag entschleunigen, die Zeit mit den Kindern geniessen, den Keller räumen, am Strand in der Sonne faulenzen und vieles mehr. Der Bedrohungs-/Anpassungsmodus ist uns zur Gewohnheit geworden. Uns bedrohen inzwischen gar die mittellosen Flüchtlinge, die jedoch am Grenzübergang gehindert werden können. Mit ihnen müssen wir uns nur noch ›am Rande‹ befassen.

Wir haben Angst vor dem weissen Hai, seit er uns im Spielfilm von Steven Spielberg als Killer vorgeführt wurde. Kein Zoologe vermochte danach dieses Stigma zu entschärfen. Doch vor dem weissen Hai können wir uns wirksam schützen, wenn wir seine Lebensgewohnheiten kennen. Um diese herauszufinden, braucht es eine gewisse Zeit, die wir uns nehmen sollten. Danach können wir entsprechend reagieren und Massnahmen ergreifen, die niemandem schaden. Jeder Krieg führt zu seiner Legitimation den Schutz der Bevölkerung ins Feld. Aber jeder Krieg schädigt, selbst wenn er gewonnen wird, stets auch die eigenen Leute.

Gleichzeitig werden kriegsvorbereitende Massnahmen getroffen, um den Krieg zu verhindern. Zum Schutz aller, die potenzielle Opfer eines Angriffes sein könnten. Die ganze Rüstungsindustrie ist ja zu unserem Schutz da. So wird sie legitimiert. Ist ein Krieg je durch seine Vorbereitung verhindert worden? Nein! Dazu bräuchte es einen Paradigmenwechsel.

Es gibt schnellere, wirksamere und schadlose Methoden ausserhalb des Kriegs- und Bedrohungsnarrativs: Sie basieren alle auf Respekt.

In der Verkleinerung spiegeln wir uns vergrössert

In der Opferposition ist
der Motor des Hasses.
der Widerstand gegen die konstruktiven Aggressionen des anderen.
die Unschuld und auch die Schuld.
die Stigmatisierung eines anderen zum Täter.
die Projektion und damit die Tradierung von Hass.
der Anfang des Machtdiskurses und das Ende der Freiheit.
In der Opferposition schliesst sich der Kreis.

Die Mütter von Diego und Anders Breivik haben ihren Söhnen bereits in den ersten Kindheitstagen ein Beziehungsangebot mit ihnen selbst in der Opferrolle vorgelegt. Mangels eines abwesenden Vaters konnten die Söhne keine alternative Bindung erfahren. Sie mussten sich in der Mutterbeziehung zurechtfinden, sich darin arrangieren und eine Abwehr aufbauen, die es ihnen ermöglichte, ihr Ich einigermassen zu schützen.

Indem die Mütter sich selbst zu Unschuldigen, Ahnungslosen verkleinerten, denen jegliche Destruktion fremd ist, vergrösserten sie ihr Gegenüber im vorgehaltenen Spiegel zum Täter und Schuldigen. Damit wiesen sie ihrem Kind Macht zu, sehr viel Macht. Wenn sich das Kind nun mit diesem monströsen Spiegelbild identifiziert, weil es keine Alternative kennt, wenn es dieses Bild annimmt und davon ausgeht, dass es identisch ist mit seinem Ich, wird es zum Monster. Jedes Monster, hier im Sinne eines Massenmörders, war ursprünglich keines. Doch die Unmöglichkeit, dieser Spiegelung zu entkommen, die Unfähigkeit der Erwachsenen in der Umgebung, die Not dieser Kinder wahrzunehmen, drängte diese in die Ausweglosigkeit dieser Beziehung.

Auch Hannah Arendt war erstaunt, als sie Adolf Eichmann während seines Prozesses in Jerusalem sah: Sie fand kein Monster vor. Er sah harmlos, wehrlos aus, ein unterwürfiger, zu Gehorsam neigender, unmännlicher Mann. Im Volksmund werden diese Männer »Würstchen« genannt. Ein Monster war Eichmann hingegen in seinen Taten. Die Divergenz zwischen seiner Erscheinung und seinen Taten hat Hannah Arendt in ihrem Buch ›Die Banalität des Bösen‹ vortrefflich beschrieben. Es brachte ihr sehr viel Kritik, Unverständnis und Missbilligung ein, ihr wurde vorgeworfen, das Böse zu banalisieren. Solange wir eine Vorstellung vom Bösen haben, solange suchen wir am falschen Ort für dessen Ursache und drehen uns im Narrativ des Sündenbockes, der uns alle von unserem eigenen Hass entlastet. Auch vom Hass auf Eichmann. Wenn wir den ›Richtigen‹ hassen, dann ist es gerecht. Doch dieser ›Richtige‹ dient ausschliesslich dazu, unseren eigenen Hass abzuführen, ohne dabei schuldig zu werden. Damit wiederholen wir uns, und damit wiederholen wir die Geschichte. Statt zu lernen – denn es ist gerade die Divergenz zwischen der Privatperson Eichmann und seiner Funktion als Massenvernichter der Juden, die uns Aufschluss über die monströse Spiegelung geben kann, die dieses »Würstchen« zu einem Massenvernichter werden liess.

Ohne solche Täter für ihre Taten zu entschuldigen, brauchen wir dringend eine andere Herangehensweise, einen anderen Blick auf sie, anstatt sie als Hassende legitim zu hassen und hinzurichten. Sonst drehen uns nur im Kreis und helfen mit, einen sadistischen und menschenverachtenden Herrschaftsdiskurs zu stabilisieren.

Um Monster, Massenmörder zu werden, bedarf es einer vorangehenden monströsen Spiegelung. Wenn dieser Spiegel nicht von anderen Erwachsenen zerschlagen wird, bleibt dem Kind keine andere Wahl, als sich mit dem gespiegelten Bild zu identifizieren: Es wird zum Monster, zum Mörder, es agiert die Täterschaft aus, die ihm gespiegelt wurde. Es ist Hass, der über den Spiegel des Opfers auf das Kind übertragen wird. Das Kind und später der Erwachsene kann diesen Hass der Mutter ausleben und wird damit zum Täter. Die entsprechenden Taten werden weit weg von der Mutter begangen, denn eine Mutter und ein Opfer soll und darf nicht beschädigt werden; sie zu töten ist ein schweres Verbrechen.

Und doch töten die Täter nachher Mütter, Kinder, Opfer. Sie kämpfen nie, sondern töten Menschen, die ihnen ausgeliefert sind, die ihnen gegenüber machtlos, ohnmächtig sind, genauso wie die Spiegelung der Mutter dies vorgesehen hat. Diese Männer, diese Massenmörder sind Söhne von Opfern, von Müttern in der Opferposition, die das

Gegenüber einer Täterschaft bezichtigen. Diese Söhne wiederholen und tradieren die Beziehungsstruktur, indem sie sowohl die Opfer- als auch die Täterrolle ausspielen. Jedes Opfer ist zugleich Täter. Beide sind auch die jeweils andere Seite derselben Medaille, weil das Opfer seinen eigenen Hass auf sein Gegenüber projiziert, ihn zu seinem Sündenbock macht und diesen an den Pranger stellt.

Der verdrängte Hass auf die Mutter

Um den Schuldgefühlen zu entkommen, liegt es nahe, den schrecklichen Spiegel zu zerschlagen, das Opfer zu vernichten. Dann wäre endlich Ruhe. Um die spiegelnden Mütter vor ihnen als Täter zu schützen, verlagerten Breivik, Diego, Hitler, Eichmann ihre Vernichtungswut nach aussen. Diego tötete für den Islamischen Staat, Eichmann und Hitler vernichteten die Juden und Anders Breivik ermordete Jugendliche. Nach diesem Muster bleiben sie mit ihren Müttern auch über deren Tod hinaus verbunden. Solche Männer nennen wir Muttersöhnchen. Anstatt sie zu verachten, wäre es besser, die Mutterliebe zu hinterfragen. Anstatt die grosse Geschichte verändern zu wollen, wäre es besser, bei der kleinen anzusetzen.

Diese mordenden Männer handelten im Rahmen der Beziehungsstruktur, in der sie aufgewachsen waren, und wurden von Betroffenen einer gewalttätigen Spiegelung zu Gewalttätern, die ihre Opfer töten. Sie waren von Gewalt Betroffene, und indem sie in die Opferposition wechselten, konnten sie sich aus der Ohnmacht und Wehrlosigkeit des Gewaltbetroffenen herausretten, weil sie ihren Hass und ihre Schuldgefühle einem Sündenbock anhängen konnten.

Genauso, wie sie von ihren Müttern zu Sündenböcken instrumentalisiert worden waren.

Diese Söhne arbeiten ihren Müttern in die Hände und bleiben ihnen verbunden, auf ewig an sie gebunden, sie können sich nicht ablösen, sie nicht verlassen oder wenn, dann nur mit enormen Schuldgefühlen. Sie sind ihren Müttern treu ergeben, was oft irrtümlich als innige Liebe gedeutet wird, während es doch nichts anderes ist als ihre grosse Angst, schuldig geworden zu sein mit ihrem Hass auf die Mutter. Dieser Hass ist ihnen nicht bewusst, und falls sie doch einmal eine Ahnung davon bekommen sollten, verdrängen sie diese sogleich, weil es zu gefährlich wäre, sich diese Vernichtungswut einzugestehen.

Diego war mit seiner Mutter von Syrien aus über einen Chat verbunden, in dem er sie seiner Liebe versicherte, um ihr Leiden an seiner Abwesenheit zu lindern. Anders Breivik wohnte bei der Mutter bis zu seinem Amoklauf; erst das Gefängnis vermochte ihn von ihr zu trennen. Hitler trug das Foto seiner Mutter bei sich, wo immer er auch wohnte. Ihr Tod machte ihn untröstlich. Wenn die Mutter eines Kindes, dem jegliche autonome Handlung als schädlich und zerstörerisch für die Mutter gespiegelt wurde, dann aus ganz anderen Gründen wirklich stirbt, ist die Schuld des Kindes besiegelt. So verkennen wir die Not eines Sohnes, der als Täter der Welt überlassen bleibt, und deuten sie als Verlustschmerz und als verzweifelte Liebe. Seine Verzweiflung über diese Schuld und die Verzweiflung, keinen Anwalt der Unschuld zu haben, wird als Mutterliebe verstanden. Damit wird die Mutter auf Kosten ihres Sohnes idealisiert.

Das permanent bedrohte Ich

Wenn Diego – und mit ihm alle anderen hier beschriebenen Menschen – seine Autonomie als Sohn eines Opfers zu verwirklichen sucht, dann ist er immer der Täter an seiner Mutter. Er ist verantwortlich für ihr Leiden an seiner Ablösung, an seiner Eigenständigkeit, und damit wird ihm eine unerträgliche Schuld aufgebürdet. Der mütterliche Refrain im Chat bleibt derselbe: »Warum bist du weggegangen? Warum hast du uns verlassen? Warum kommst du nicht nach Hause? Du weisst nicht, wie sehr ich dich liebe, weil du selber keine Mutter bist.« Die Mutter zerbricht an der Abwesenheit ihres Sohnes, und der Sohn versucht, nicht zusammenzubrechen unter dieser Schuldenlast. Der Schuld, die Mutter zu schädigen, indem er sich selber ist. Er versucht sich aus der Ohnmacht und Impotenz zu retten. Weit weg von ihr kann er seine Täterschaft ausleben. Er tötet Soldaten der Freien Syrischen Armee, er tötet, um Ich sein zu können, um Mann sein zu können, um potent sein zu können, um eine Frau und ein Haus, Anerkennung zu bekommen. Die Anerkennung seiner Männlichkeit ist in den Beziehungsstrukturen, die er erfahren hat, nur über die Destruktion zu erreichen. Weil Diego mit der Spiegelung als destruktiver Täter aufwachsen musste, wurde ihm die Möglichkeit genommen, Potenz im Begehren zu verwirklichen. Vernichten bedeutet in diesem Kontext aus seiner Sicht deshalb Aufbegehren. Denn Aufbegehren, Eigenständigkeit wurden als vernichtend gespiegelt, also sind sie vernichtend. Vernichtet wird nicht nur das sexuelle Begehren, das ist nur die Spitze des Eisbergs, sondern das Begehren nach Leben, nach Mitgestaltung der Welt und der Gemeinschaft.

> Vernichtung ist Ausdruck eines in Destruktivität pervertierten Begehrens.

Dieses Verhaltensmuster ist so alt, dass es mittlerweile Bestandteil unserer DNA ist. Es ist uns irgendwie fremd, andere Menschen als verschieden von uns, als Nicht-Ich zu sehen und ihnen eine Beziehung auf der Basis von Neugier und Respekt anzubieten. Je nach Situation werden solche Angebote sogar als ketzerisch und verräterisch verurteilt.

Auch Anders Breivik war unfähig, den jungen Menschen auf der Insel Utøya mit Neugier und Offenheit zu begegnen, gar teilzunehmen am Fest der Jugend. Er tötete sie, weil sie ihre Jugend feierten, weil er in ihnen die Triebhaftigkeit sah, die ihm selber als monströs und tödlich gespiegelt wurde. Er tötete diese Triebhaftigkeit in den anderen, genauso wie seine getötet wurde. Wenn das Begehren in der Begegnung mit dem anderen, mit der Differenz keinen Raum erhält, um sich zu verwirklichen, dann schlägt es um und die potente Kraft wird destruktiv. Ein potentes Begehren, das destruktiv gespiegelt wird, kann sich nur in pervertierter Form verwirklichen. Also in einer destruktiven, demütigenden und entwertenden Dynamik.

Anders Breiviks Ich war ständig in Not, ständig bedroht, denn die Spiegelung als Monster war ein hasserfüllter Dauerkrieg gegen dieses Ich. Jede autonome Bewegung brandmarkte ihn als Monster. Die ständige Bedrohung höhlte sein Ich solange aus, bis es sich mit dieser Spiegelung identifizierte und ein neues Ich bildete, ein Täter-Ich. Und als Täter begann er in der Folge zu agieren, sich vorzubereiten und dann zu töten. Aus diesem Grunde ist es Anders Breivik nicht möglich, die Schuld für seine grausame Tat einzugestehen, denn das würde bedeuten, dass er seine Identität verlieren und somit vermutlich dem Wahnsinn verfallen würde. Die Abwehr dieser Schuld rettet ihn vor dem Wahnsinn. Sie rettet ihn auch vor der endgültigen Verlorenheit und Einsamkeit und vor allem vor der endgültigen Schuld, 77 Jugendliche getötet und in seiner Sichtweise – gemäss der Spiegelung – auch die Mutter vernichtet zu haben. Er selber unterscheidet deshalb Schuld und Verantwortung: Indem er die Schuld abwehrt und die Verantwortung übernimmt für seine Tat, kann er sich der Schuld, die seine Mutter auf ihn – als ihren Sündenbock – projiziert hatte, erwehren. Die Abwehr der Schuld ist der letzte Schutz für sein Ich.

Anders Breivik hat die Welt als Bedrohung erfahren, nicht weil sie (immer) bedrohlich wäre, sondern weil ihm die Instrumente enteignet wurden, um sich konstruktiv einzubringen, sich zu wehren und ein Ich zu bilden, das keineswegs monströs ist. Einer hasserfüllten Übertragung ausgeliefert, erfährt er seine konstruktiven Aggressionen als destruktiv und vernichtend – wie soll ihm hier die Welt als Herausforderung, als neugierig machendes und begehrenswertes Objekt erscheinen? Am ursprünglichen Opfer, der Mutter, konnte er seine Zerstörungswut ablesen: So eine mächtige, grosse Frau, wie es die Mütter in unserer Gesellschaft für Kinder nun einmal sind, konnte er – so die Spiegelung – in Angst und Schrecken versetzen. So mächtig und so böse war er. Da muss er vor seiner eigenen Vernichtungskraft Angst bekommen haben. Hinzu kommt die Angst, schuldig zu sein am Leiden seiner Mutter.

Breiviks Ängste müssen unermesslich und unerträglich gross sein, ebenso seine Ohnmacht. Doch mit der Umformung dieser Ohnmacht in eine Opferposition gewinnt er wieder an Kraft und Wehrhaftigkeit, wenn auch einer hinterhältigen und tödlichen. In diesem Sinne ist die Opferrolle ein Rettungsanker. Sie ermöglicht, Macht zu gewinnen, ohne schuldig zu werden. Sie ermöglicht, der Ohnmacht und der Einsamkeit zu entkommen. Sie ermöglicht, aus einer Schuldbeziehung auszubrechen. Der Erfolg ist jedoch zeitlich beschränkt: Der Versuch wird nie und niemandem gelingen, weil die Identifikation mit dieser Dynamik diese Strukturen tradiert. So bleibt der Teufelskreis der Gewalt bestehen, statt dass er durchbrochen wird.

> Die Angst vieler vor den Flüchtlingen, vor den und dem Fremden, offenbart uns das Ausmass einer antizipierten Bedrohung, die wir nur im Zusammenhang mit einer Wehrlosigkeit bringen können, in der alles Nicht-Ich bedrohlich ist.

Wir lernen bereits in unseren ersten Jahren, uns schuldig zu fühlen, wenn wir uns einbringen; wir lernen brav zu sein, um dazuzugehören; wir lernen in den Bildungsinstitutionen, dass wir nichts können und viel zu lernen haben, und wir lernen, dass alles, was wir mitbringen, nichts zählt, ausser unserem Fleiss und unserer Anpassung an die dort gestellten Forderungen und Erwartungen. Das bedeutet, dass unsere Aggressionen im Dienste des Ich kanalisiert und domestiziert werden und dass die Wahrscheinlichkeit eines Ausschlusses oder einer Ausgrenzung gross ist, falls die Anpassung zu wünschen übrig lässt. Mit so viel Kastration im Handgepäck werden die Welt und ihre Besonderheiten, wie zum Beispiel flüchtende Menschen oder ein Virus, zur Bedrohung. Dass wir der Welt inzwischen zumeist im Bedrohungsmodus gegenüberstehen, zeigt, dass unsere konstruktiven Aggressionen mehrheitlich in Destruktion pervertiert sind und wir davon ausgehen, dass dies naturgegeben sei.

Die chronische Wehrlosigkeit

Hitler begann am 1. September 1939 den Krieg gegen Polen mit der Behauptung, er schiesse zurück. Er rechtfertigte seine Tat aus der Position des Opfers. Er inszenierte eine bedrohliche Situation, die ein rasches Handeln erforderte, um eine Selbstgefährdung, eine Gefährdung der Nation zu verhindern. Die Lage war also nicht bedrohlich, weil die Polen angriffen, sondern weil sich Hitlers Ich in seiner Wehrlosigkeit unentwegt bedroht fühlte. Dieses Ich kann sich nur konstituieren in einer permanenten zerstörerischen Auseinandersetzung, die in Hitlers Fall Krieg bedeutete. Dieses Ich kennt keine konstruktiven Aggressionen (mehr).

Ein Ich braucht zwar die Auseinandersetzung mit anderen, um Ich konstituieren und Ich sein zu können. Doch es braucht eine Auseinandersetzung in der Differenz, in der gegenseitigen Anerkennung des anderen als Nicht-Ich, ohne die Differenz vernichten zu müssen, ohne Krieg führen zu müssen, um Ich sein zu können. Das Ich von Hitler und Breivik fühlt sich durch die Differenz jedoch bedroht, weil es keinen Raum erfahren hat, in dem Ich und Du sich auseinandersetzen konnten, ohne Gefahr zu laufen, vernichten zu müssen oder vernichtet zu werden.

Der Überfall auf Polen, an der deutschen Grenze, bedeutete Raumerweiterung für sich und das Volk – das Volk als Ichvergrösserung gedacht – und es bedeutete, das können wir im wörtlichen Sinn verstehen, Verteidigung, weil ein Angriff auf das deutsche Volk antizipiert wurde, denn Gefahr droht immer und überall und Angriff ist die beste Verteidigung. Doch Hitler und Brevik sind nur die Spitzen des Eisbergs: Das Meer der Menschen, die hassen und sich bedroht fühlen, ist unendlich gross. Es ist Zeit, sich einzugestehen, dass wir selber in diesem Modus operieren: An den Grenzen zwischen Ich und Du sind wir schnell bereit, manchmal nur in der Fantasie, eine Gefahr zu antizipieren, Nachteile und Vorteile abzuwägen, uns bedroht zu fühlen, Angst zu haben, Krieg zu führen. Das heisst, wir begegnen dem Fremden bereits im Opfermodus und projizieren auf das Gegenüber eine mögliche Täterschaft. So wird schon bei einer einfachen Begegnung ein Machtgefälle geschaffen.

Darüber hinaus erfahren wir die Begegnung mit dem und den anderen bereits über die Schablone der Destruktion; dies mangels einer Alternative, die uns erlaubt, sie als Anregung für unser Ich wahrzunehmen. Als ein Du, vor dem ich Respekt habe, das ich in seiner Differenz erkenne und anerkenne, einer Differenz, in der ich mich verändere und neu organisiere. Als ein begehrenswertes Du nicht nur im sexuellen Sinn, sondern im Sinn der Neugier, des Interesses, der Offenheit zu lernen, sich selber zu verändern. Das gängige Muster, die Hasser zu hassen und zu verurteilen, ist unser Versuch, über die Projektion auf den anderen unseren eigenen Hass loszuwerden.

Der Raum der Auseinandersetzung

Wir haben es selten mit konkreten Bedrohungen zu tun, sondern projizieren diese in etwas hinein. Wir nehmen sie vorweg, weil – zurück in die kleine Geschichte – unserem Ich keine konstruktiven Aggressionen zur Verfügung stehen, um der Welt angstfrei zu begegnen, um sich darin zu bewegen, um an der Grenze zwischen Ich und Du keine Vernichtungskriege zu führen, sondern Auseinandersetzungen, in der die Differenz selbstverständlich ist. Dann bedeutet Raumerweiterung nicht mehr, dem anderen den Raum wegzunehmen, um Ich sein zu können, sondern einen gemeinsamen Raum in der Auseinandersetzung zu eröffnen. Und dieser Raum ist immer unendlich gross.

Wenn wir es jedoch gewohnt sind, mit unseren Aggressionen im Dienste des Ich schuldig zu werden, weil wir sie als schädlich gespiegelt bekommen, dann halten wir sie zurück und können dem Du nur noch im Bedrohungsmodus begegnen.

> Hier ist der Anfang und das Ende des Teufelskreises, die Quelle des tradierten Hasses: Das Opfer spiegelt dem Gegenüber Schädlichkeit und Schuld und dieses entlastet sich mit der Projektion seiner Schuld auf einen Sündenbock, indem es sich ebenfalls als Opfer inszeniert und nun selbst einen Täter bestimmt. Die Energie hinter diesem häufig anzutreffenden Mechanismus ist der Hass, sind die ins Destruktive pervertierten Aggressionen im Dienste des Ich.

Dieser Hass kann an das Gegenüber gebunden, dort fest verankert und so ohne eigene Schuld ausgelebt werden, weil ein Sündenbock legitim vernichtet werden darf. Diese

Art der Beziehung hat die Destruktion, den Hass als Bindemittel. In einer Beziehung, in der die Anerkennung der Differenz das tragende Element ist, regeln die Aggressionen im Dienste des Ich Nähe und Distanz. Der Hass hingegen ist eine Form von Verschmelzung, er ist immer Teil einer symbiotischen Beziehung, in der Nähe und Distanz der Beteiligten nur mit Vernichtung, mit Bestrafung, Ausschluss und Entwertung reguliert werden können.

Der Angriff auf Polen war also nichts anderes als – wir müssen Hitler beim Wort nehmen – Verteidigung, Selbstverteidigung und Landesverteidigung. Wir haben diese Aussage ernst zu nehmen, denn sie führt uns direkt ins Innere des Übels. Wenn das Ich keinen Raum erhält, um sich zu verwirklichen – dasselbe war bei Anders Breivik und Diego der Fall –, wenn diesem Ich statt einer einigermassen tragenden Beziehungsstruktur Krieg angeboten wird, ein Ich-vernichtender Krieg, dann nimmt das Kind diese Erfahrung mit ins Erwachsenenleben und fühlt sich permanent bedroht: weil es als Täter angeklagt werden könnte, ohne Täter zu sein, weil es als Hassender gehasst werden könnte, ohne zu hassen. Später, im Erwachsenenalter, wird das Kind dann den Vernichter vernichten.

Dieses Ich überträgt seine Erfahrungen auf die Welt. So können wir verstehen, dass Hitlers Konzept der Raumerweiterung einen Krieg voraussetzte. Solange Ichsein Krieg bedeutet, solange Ichsein mit Schuld und Täterschaft einhergeht, solange befinden wir uns im Krieg. Sei er nun kalt oder heiss – Krieg ist Krieg. Und Krieg herrscht immer: Wir können nicht von Frieden sprechen, da wir ihn nicht kennen. Und weil Ichsein für die meisten Menschen mit Ichvernichtung verbunden ist, können wir die Ursache des Krieges *verstehen*, und indem wir den Krieg verstehen, können wir ihn vermeiden. Wir können verstehen, warum vernichtet wird, wir können verstehen, dass es in solchen Beziehungsstrukturen notwendig ist, Hierarchien zu schaffen, in denen man sich hocharbeiten kann, um oben zu sein, um Weltherrschaft zu errichten, um sicher zu sein vor Angriffen auf das Ich, weil hier oben niemand mehr ist, der zur Bedrohung werden könnte. Und in solchen Strukturen sind alle unter uns verachtungswürdig, hassenswert, es sind keine Menschen. Zu Nicht-Menschen muss man auch keine Beziehung herstellen und läuft so auch nicht Gefahr, die ganze unglückliche und gewalttätige Beziehungsgeschichte der Kindheit wiederzubeleben.

Wenn Beziehungen zur Last werden

Die Fähigkeiten von Narzissten sind an den Spitzen der Konzerne sehr gefragt, denn solche Menschen zeichnen sich dadurch aus, dass sie das Gegenüber nur noch als Reibungsfläche wahrnehmen, als Rivalen, den es zu überholen gilt, um selbst Erster zu sein. Narzissten geht es weder um Geld noch um Ansehen, nur darum, an der Spitze zu stehen, um so über alle anderen die Kontrolle zu haben und damit das Bedrohungsmoment zu reduzieren. Narzissten, die sich einer Psychoanalyse unterziehen, würden in ihrer Geschichte Zeiten grosser Ohnmacht und Angst entdecken, Zeiten überfordernder Verantwortlichkeit und unerträglicher Schuld, die sie erfolgreich abgewehrt haben, um zu überleben.

Narzissten – die Bezeichnung wird heute entwertend

verwendet – wehren die Schuld ab und damit auch Beziehungen, weil beide gekoppelt sind. Wenn sie Beziehungen haben, sind diese immer symbiotisch, zwei Menschen verschmolzen zu einem, zum Narzissten. Gleichwertige Beziehungen empfinden sie als existenzbedrohend, als Krieg gegen das Ich. Dass viele von ihnen mit ihren Eigenschaften zu Geld kommen, zu viel und immer noch mehr Geld, hat nichts mit fleissigem Arbeiten oder dem Wunsch nach Reichtum zu tun, sondern ist eine angenehme Nebenerscheinung des Aufwärtsstrebens.

Dass Narzissten mit ihrem oft hohen Einkommen und Vermögen zu viel Anerkennung, Bedeutung und Wirksamkeit kommen, ist ein Zeichen, dass der Kapitalismus die Menschen dazu gebracht hat, die Beziehung zu anderen, zur Gemeinschaft und damit auch die Beziehung zu sich selber zu verabschieden, im besten Fall hat sie noch eine Bedeutung als Last.

Die Beziehung zu sich und den anderen Menschen unterliegt mittlerweile einer Dynamik, die gerade die Abwehr von Beziehungen zum Ziel hat, um frei davon erfolgreich sein zu können. Geld ist hier eine Art Versicherung gegen die daraus resultierende Verlorenheit und Einsamkeit.

Wir wissen inzwischen alle, dass Fleiss und Arbeit nicht wirklich reich machen, wir wissen, dass nur die Beziehungslosigkeit – sozusagen als Nebenprodukt – Reichtum beschert. Man sagt auch, das ist nicht neu, dass Geld arbeiten soll. Weil aber Geld nicht arbeiten kann, müssen die Gewinne aus dieser ›Arbeit‹ etwas mit der Beziehungslosigkeit der Menschen zu tun haben, vor allem auch der Beziehungslosigkeit zu jenen Menschen, die als Ausgebeutete die untersten Sprossen der Leiter bilden, über die jene aufsteigen, die ganz oben sein wollen. Ganz oben zu sein heisst in unserem kapitalistischen System in erster Linie, reich zu sein, und nicht etwa weise oder gerecht oder fürsorglich.

Um also den gewalttätigen Beziehungserfahrungen auszuweichen, um der Angst und Ohnmacht, der Schuld zu entkommen, um die Vernichtung von Ich über dessen destruktive Spiegelung abzuwehren, ist es von Vorteil, ganz oben zu sein. Am besten immer oben zu sein, sei es an der Spitze von Firmen und Konzernen, der Politik, der Regierung, der Justiz, des Vereins, auch in den zwischenmenschlichen Beziehungen oben zu sein, in der Ehe oder Partnerschaft. Oben zu sein bedeutet, alle anderen sind unter mir, und mit diesen da unten verkehre ich nicht. Diese Weltsicht ist die Voraussetzung für Ausbeutung und Herrschaft. Sie folgt demselben Narrativ, das der Weltsicht der Massenmörder und Massenvernichter des Nationalsozialismus zugrunde lag.

Das Ich des Narzissten kann ohne Beziehungen nur überleben, indem es die anderen in die Bedeutungslosigkeit stösst. Die anderen müssen also vernichtet werden. Heute leben Millionen von Menschen in Armut und Hunger. Ob sie mit Gas getötet oder erschossen werden, oder ob man sie verhungern lässt, ist nur eine Variable im menschenverachtenden narzisstischen Herrschaftssystem. So wird über die Abwehr von menschlichen Beziehungen Reichtum generiert. Nicht nur um des Reichtums willen, sondern vor allem als Nebenprodukt der Abwehr.

Vom Einblick zum Ausblick – Schlusswort

Das einzige Mittel gegen Hass ist die Auflösung des Opfer/Täter-Diskurses. Dieser Diskurs kann ersetzt werden, jede und jeder kann ihn ersetzen, tagtäglich, sofort: mit der Einsicht, dass andere Menschen von uns verschieden sind, und mit der Anerkennung dieser Differenz. Dann wird auch die Auseinandersetzung mit anderen Menschen in einem Raum der Differenz stattfinden. So wird Begehren möglich, das Begehren nach Menschen, die anders sind als ich, die Neugier und Lust auf die Differenz und auf sich in der Differenz, das Begehren nach Leben und Lebendigkeit. Nur in der Differenz ist das Ich potent, nur in der Anerkennung der Differenz ist es aufgehoben.

> Die Möglichkeit, die konstruktiven Aggressionen im Dienste des Ich auszuleben, bildet zusammen mit der Anerkennung der Differenz des Gegenübers das Mittel, das den Hass beseitigt.

Weil der Mensch der Ort ist, an dem Hass entsteht und tradiert wird, liegt es in unseren Händen, diesem Ort ein anderes Aussehen beziehungsweise einen anderen Inhalt zu verleihen, einen, der Hass überflüssig macht. So kann es uns gelingen, eine neue Wirklichkeit zu erschaffen. Nichts verändert wird hingegen, wenn wir den Hass hassen oder die Hassenden, die Bösen. Damit wollen wir uns nur versichern, dass wir zu den Guten gehören.

Um die Tradierung von Machtstrukturen aufhalten zu können, ist es notwendig, die Ursachen zu benennen und anzuerkennen, dass wir alle in solchen Gefügen funktionieren. Ein paar einfache Fragen können helfen, diese in uns wahrzunehmen:

– Gibt es eine für mich wichtige Beziehung, in der ich keine Angst habe, sie zu verlieren?
– Welche Anpassungsleistungen erbringe ich in einer Beziehung, um die Gefahr eines Verlustes zu mindern? Ziehe ich womöglich meine Aggressionen im Dienste des Ich zurück?
– Gibt es eine Beziehung, in der ich keine Schuldgefühle habe?

So erkennen wir sowohl an unseren Schuldgefühlen als auch an unseren Schuldzuweisungen, dass wir Teil eines Machtdiskurses sind. Aus diesem Diskurs müssen wir ausscheren, statt uns damit zu arrangieren oder uns in der stärkeren Position der Schuldzuweisenden einzurichten. Ohne diesen Positionswechsel tradieren wir den Hass.

Die Biografien von Anders Breivik, Diego und Adolf Hitler geben uns Einblicke in Strukturen, die in der kleinen Geschichte angelegt wurden, um in der Folge in der grossen Geschichte ein Handlungsgerüst zu bilden. Sie als Monster zu etikettieren und abzutun, ist zu einfach und verunmöglicht es uns, aus der Geschichte zu lernen. Nur wenn wir diese Strukturen, dieses Handlungsgerüst in uns selbst verändern, werden wir unseren destruktiven Hass zurückverwandeln können in konstruktive Aggressionen im Dienste des Ich, die uns Auseinandersetzung auf Augenhöhe, die angstfreie Austragung von Konflikten und Begehren ermöglichen. Dann werden wir den Genuss an der Differenz und den Genuss an uns selber in der Differenz nicht mehr hergeben wollen.

Wenn jeder einzelne Mensch in seiner Eigenständigkeit anerkannt ist, sind auch symbiotische Beziehungen und

Verstrickungen nicht mehr möglich. Das Gefühl, aufgehoben, sicher und geborgen zu sein, entsteht nicht mehr in einer symbiotischen Regression, sondern im neuen Paradigma der Anerkennung der Differenz. So funktionieren auch Gemeinschaften nicht mehr über Ausschluss oder Einschluss, also über Machtstrukturen, in denen dazuzugehören bedeutet, Teile seines Ich aufgeben zu müssen. Vielmehr basieren sie auf dem Fundament einer Verantwortlichkeit gegenüber dem Menschen und der Welt, von denen wir in der Ichbildung und im Ichsein abhängig sind. In der Anerkennung dieser Abhängigkeit wird der Hass überflüssig.

※※※※

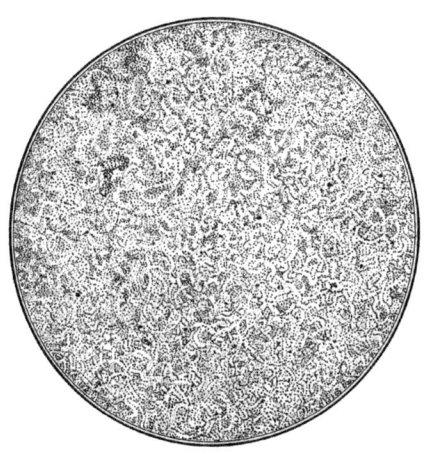